U0521904

本书由云南大学"双一流"建设经费支持

Research on the level of social assistance
under the goal of common prosperity

共同富裕目标下
社会救助水平研究

谢和均　著

中国社会科学出版社

图书在版编目(CIP)数据

共同富裕目标下社会救助水平研究／谢和均著．
北京：中国社会科学出版社，2024.12． -- ISBN 978-7-5227-4644-9

Ⅰ．D632.1

中国国家版本馆CIP数据核字第2024HX0466号

出 版 人	赵剑英
责任编辑	刘亚楠
责任校对	张爱华
责任印制	张雪娇

出　　版	中国社会科学出版社
社　　址	北京鼓楼西大街甲158号
邮　　编	100720
网　　址	http://www.csspw.cn
发 行 部	010-84083685
门 市 部	010-84029450
经　　销	新华书店及其他书店
印　　刷	北京明恒达印务有限公司
装　　订	廊坊市广阳区广增装订厂
版　　次	2024年12月第1版
印　　次	2024年12月第1次印刷
开　　本	710×1000　1/16
印　　张	11
插　　页	2
字　　数	217千字
定　　价	68.00元

凡购买中国社会科学出版社图书，如有质量问题请与本社营销中心联系调换
电话：010-84083683
版权所有　侵权必究

目 录

绪 论 ·· 1

第一章 核心概念与理论基础 ·· 24
　第一节 概念界定 ·· 24
　第二节 理论基础 ·· 29

第二章 共同富裕目标下的社会保障 ·· 35

第三章 社会救助水平发展特征分析 ·· 43
　第一节 我国社会救助水平发展特征 ·· 45
　第二节 OECD 国家社会救助水平发展特征 ································ 54
　第三节 我国与 OECD 国家社会救助水平的比较分析 ···················· 62

第四章 我国社会救助水平宏观支出分析 ·································· 68
　第一节 社会救助资金支出的规模分析 ······································ 68
　第二节 社会救助资金支出的结构分析 ······································ 70
　第三节 社会救助资金支出的水平分析 ······································ 81

第五章 我国社会救助水平微观测算 ·· 83
　第一节 社会救助水平测算方法的选取 ······································ 83
　第二节 基于 ELES 测算结果的社会救助水平层次分析 ·················· 95
　第三节 共同富裕目标下的社会救助水平预测 ···························· 100

第六章 我国社会救助支出水平的效率评估 ······ 106
第一节 效率分析方法选择 ······ 107
第二节 变量的选择 ······ 107
第三节 我国社会救助资金支出效率的实证分析 ······ 118
第四节 社会救助支出产出效率结果及原因分析 ······ 126

第七章 我国社会救助水平提升的财政负担分析 ······ 132
第一节 社会救助支出情况 ······ 132
第二节 社会救助财政负担测算 ······ 138
第三节 社会救助财政负担分析 ······ 146
第四节 共同富裕目标下社会救助财政负担预测 ······ 149

第八章 共同富裕目标下提升社会救助保障水平的对策建议 ······ 153
第一节 适度提高社会救助保障水平 ······ 154
第二节 保障救助资金充足可持续 ······ 156
第三节 加快社会救助城乡统筹步伐 ······ 159
第四节 形成社会救助保障合力 ······ 160

结论与展望 ······ 162

参考文献 ······ 165

绪　论

一　研究背景与意义

（一）研究背景

社会救助是我国民生建设和治理实践中兜底性、基础性、保障性的制度安排，经历了从无到有再到应助尽助的发展历程，是社会的最后一道安全网。中华人民共和国成立初期，党和政府在特定的历史环境下，基于"改造"理念建立中国新型社会救助体系，以维护社会稳定和政权建设，体现了社会主义救助制度的优越性和人民性；在市场化改革进程中，社会救助作为经济体制改革的配套措施，着力处理好改革—发展—稳定之间的关系，缓解经济变革带来的社会震荡和矛盾，体现出冲击响应性和变革适应性的社会保护制度特征。进入中国特色社会主义新时代，社会救助秉承"兜底保障、弱有所扶、应助尽助"的政策目标，展现出对贫困治理的减贫效应、社会发展的稳定效应和社会公平的调节效应，因而在新的历史条件下被赋予了时代特征和发展要求。

2020年8月，中共中央办公厅、国务院办公厅颁发的《关于改革完善社会救助制度的意见》中强调，综合考虑居民人均消费支出或人均可支配收入等因素，结合财力状况合理制定基本生活救助标准和调整机制，促进城乡统筹发展，推动社会救助事业高质量发展。党的二十大报告指出，中国式现代化是全体人民共同富裕的现代化，要坚持把人民对美好生活的向往作为现代化建设的出发点和落脚点，要健全分层分类的社会救助体系，这为我国建立多层次社会救助标准、统筹并动态调整城乡社会救助标准提供了根本遵循。为了更好地促进社会救助制度的高质量发展，我们必须立足于新时代主要矛盾在救助领域的具体特征，紧紧围绕低收入群体对美好生活的向往及提高生活质量的追求目标，切实关注社会救助的水平建设。

2021年我国历史性地解决了绝对贫困问题，开启全面建设社会主义现代化强国新征程，为促进共同富裕创造了良好条件。在贫困治理已经从绝对贫困向相对贫困转型的背景下，社会救助支出规模和支出水平的研究成为国家关注、社会关注、人民关切的重要课题。由于相对贫困和低收入人群在长期内仍然存在，我国社会救助制度仍是政府实施再分配以实现反贫困目标和改进收入分配均衡性的重要制度安排。广大低收入群体在一次分配中处于不利地位，通过公共财政实施的转移支付是提高其收入水平的重要途径。国际比较研究发现，各国由市场因素决定的初次分配均存在较大的不平等，国与国之间初次分配的不平等系数相差并不大，但最终各国不平等程度差异，主要来源于再分配阶段的政策调节力度，因此实施以社会救助为基础的再分配政策对于缩小初次分配的差距具有重要意义。

从现实意义来看，扩大社会救助是落实党中央要求的"执政为民"理念的重要抓手、实现共同富裕战略的重要手段。一方面，由于经济发展和人民生活水平提升，我国社会救助覆盖面在过去几年间持续下降。以最低生活保障制度（以下简称"低保"）为例，全国享受城市最低生活保障和农村最低生活保障的人数占比仅为低收入人口的4.5%—5%；另一方面，尽管近年来低保标准逐年提升，但低保金只占到城市人均可支配收入的17%和农村人均可支配收入的32%，低保金对人均收入的补差功能较弱，救助以后低收入人群与普通人群生活水平之间仍然存在较大差距。社会救助制度覆盖面和救助水平偏低，限制了社会救助对改善收入分配和促进消费的作用，不利于低收入群体同步实现共同富裕目标。

1. 共同富裕是社会救助高质量发展的宏伟愿景

共同富裕是社会主义最本质的要求，也是中国式现代化的重要特征。2021年我国历史性地消除绝对贫困后，全面建成小康社会的第一个百年奋斗目标顺利实现，共同富裕作为第二个百年奋斗目标的核心内容，是中华民族几千年来驰而不息的梦想、是中国共产党的追求、是马克思主义的基本目标。作为世界第二大经济体、世界第一的消费大国、全球唯一的全产业链规模最大的单一市场、世界最大规模的中等收入群体，我国具备了追求共同富裕的现实基础。从"脱贫攻坚"到"共同富裕"，这是中国特色发展道路的必然逻辑，也是中国式现代化发展战略的重大转变。因此，共同富裕是未来一段时期我国各项工作的总领，也是开启全面建设社会主义现代化国家新征程的重要指引。

习近平总书记指出，民生是最大的政治，要大力做好保障和改善民生工作，注重关心生活困难群众，让群众得到看得见、摸得着的实惠。这就要求我们充分认识做好新时代社会救助工作的重要意义，坚持以人民为中心的发展思想，把困难群众基本生活作为大事要事放在心上，想群众之所想、急群众之所急、解群众之所困，不断增强思想自觉、政治自觉和行动自觉，切实履行好兜底民生保障的职责使命。作为收入再分配的关键一环，社会救助是人民最关心最直接最现实的利益问题，对保障和提高低收入群体生活质量、维护社会底线公平、增进低收入人民福祉，实现广大困难群众共享改革发展成果并同步迈向共同富裕具有重要意义。2020年，中共中央办公厅、国务院办公厅印发的《关于改革完善社会救助制度的意见》对当前和今后一个时期推进社会救助制度改革创新作出总体设计、系统规划，党中央特别强调要形成"覆盖全面、分层分类、综合高效的社会救助格局"，确保对广大困难群众兜住底、兜准底、兜好底。治国有常、利民为本，为民造福是立党为公、执政为民的本质要求，党的十八大以来，为实现"坚持维护社会公平正义""坚持走共同富裕道路""坚持促进社会和谐"等战略目标，以最低生活保障、特困人员供养、受灾人员救助、医疗救助、教育救助、住房救助、就业救助、临时救助等社会救助制度为主体，以社会力量参与为补充的中国特色社会救助体系逐步完善，社会救助的建设步伐明显加快，救助范围不断扩大、城乡救助标准逐渐实现一体化发展、保障水平逐年提高、助力全面建成小康社会，基本实现了从城乡分割到城乡统筹、从生存型保障到基本型保障的转变，为实现人的全面发展和推进共同富裕进程发挥了重要作用。

习近平总书记在党的十九大报告中明确指出："中国特色社会主义进入新时代，我国社会主要矛盾已经转化为人民日益增长的美好生活需要和不平衡不充分的发展之间的矛盾。"人民日益增长的美好生活需要，不仅对物质文化品质提出了更高要求，也对公平正义的实现程度提出了更高的期待。在经济发展领域，我国所面临的困难和挑战既表现为民生领域存在的短板，也表现为城乡区域发展、收入分配差距依然较大等现实问题。在全面建成小康社会并持续迈向共同富裕的进程中，人民群众对于共享改革发展成果的要求越来越凸显、越来越强烈。如果不正视这一问题，社会矛盾就会越积越多、愈发复杂。在社会救助领域，我国现行制度目标功能仍然定位于"保基本、兜底线"等低层次的基本物质需求上，这种"底线救助"的建制定位将社会救助视为保障困难群众低生活水平的必要支出，是财政的非生产性投入。随着经济发展和人民生活水平的提升，这一支出将越来越低。显然这一制度定位难以有效回应低收入困难群体对美好生活追求的发展要求。在共同富裕视角下，困难群体对享受高水平、高质量的生活需求愿望更加强烈，社会救助不应再被视为保障基本生存的制度安排，而应将社会救助视为积极的社会和经济投资，强化其对于维护公平乃至促进经济的长期可持续发展的重要作用。因此，从政策执行层面来看，应加大救助支出、提升救助标准、保障低收入群体生活品质和福祉水平，从而适应共同富裕愿景下对社会救助发展提出的新要求。

2. 救助水平是制约社会救助高质量发展的现实基础

社会救助制度离国家治理能力现代化和新发展阶段扎实推进共同富裕的要求还存在一定的差距，主要体现在救助标准的低水平上。以社会救助的支柱低保为例，尽管近年来低保标准逐年提升，截至 2023 年 9 月，我国城市家庭人均低保平均标准达到 8952 元/人·年，农村家庭低保平均标准达到 6848 元/人·年，分别较上年同期增长 6.4%、8.4%，也高于同期人均收入 6.3% 的增速，但低保金只占到城市人均可支配收入的 17% 和农村人均可支配收入的 32%，按照国际通常标准，救助金占到困难家庭人均可支配收入中位数的 50%—60%，由此可知，我国低保金对人均收入的补差功能还较弱，救助以后低收入人群与普通人群生活水平之间仍然存在较大差距，充分性明显不足。社会救助制度覆盖面和救助水平偏低，限制了社会救助对改善收入分配和促进消费的作用，不利于低收入群体同步实现共同富裕。

截至 2023 年年末，全国享受城市最低生活保障和农村最低生活保障的人数分别为 664 万人和 3399 万人，2022 年年末为 683 万人和 3349 万人，2021 年年末为 738 万人和 3474 万人，城市低保增速下降 10%，农村低保人数基本稳定。由于我国低收入人口群体规模较大①，低保人群占比仅为低收入人口的 4.5%—5%。这充分说明我国脱贫攻坚的巨大成就及社会救助减贫的明显效果，但也暴露出我国现行的社会救助目标、救助对象局限、救助的精准性不够，导致处在低保边缘的低收入群体被排斥在救助范围之外，救助人数持续减少。我国低收入人群自身可行能力发展迟滞，陷入贫困风险的概率较大，迫切需要社会救助制度关注其生活质量及可行能力发展等现实问题（梁土坤，2022），而现实中这类群体的需要往往没有被发现并予以满足。如果占人口比例在 6%—10% 的低收入群体提高生活质量的需求问题、实现美好生活向往的能力发展问题得不到满足，那么实现全体人民的共同富裕则是不完整的。因此，面向中国式现代化建设及第二个百年奋斗目标的达成，我国社会救助制度的保障水平还有进一步提升的空间。

在全面建成小康社会并向建设社会主义现代化强国进发的新时代，相较于发达国家，我国的社会救助处于什么水平？社会救助水平的标准应该如何变化？在持续为困难群众提供相对慷慨的救助水平的情况下，我国财政支出能否承担？本书围绕这些问题，提出切实可行的救助水平优化建议，以期为提升社会救助水平、更好地满足困难群众需求、推动实现社会救助治理体系和治理能力现代化进而促进共同富裕提供政策参考。

（二）研究意义

1. 理论意义

党的十九届五中全会指出，推动高质量发展是我国今后一个时期确定发展思路、制定经济政策、实施宏观调控的根本要求，必须站在全局高度来深刻领会。在社会救助领域，也应该树立高质量发展理念，推动社会救助事业的高质量发展。从"发展支出"而不仅是"兜底保障"的视角看待社会救

---

① 对于低收入人口规模不同学者给出的测算数据存在差异，分别是 9.1 亿（李实，2020），占总人口的 64.6%（李春玲，2022），占总人口的 72.4%（刘世锦）等。

助，意味着社会救助定位从传统消极的非生产性投入向积极的社会和经济投资的功能转变，在新的历史条件下，这对于拓展其功能认识具有至关重要的理论意义。

社会救助是公共财政责任体现的重要领域，社会救助水平既反映社会救助资金的供求关系，也反映社会救助体系的运行状况。过高或过低的救助标准都会对制度本身运行绩效和社会经济发展产生一定的消极影响，因此研究社会救助水平，必然要研究其"适度性水平"及与财政支出的负担匹配性问题，而目前既从困难群众需求又从财政负担的双重视角对社会救助水平进行全面研究的文献较少，基于此，本书从困难群众基本需求和财政负担双重视角出发，结合时代任务与现有研究成果，对社会救助水平的内涵进行界定，并从财政学角度分析测算社会救助财政负担情况，最后根据研究结果提出社会救助水平可行性建议，扩展社会救助研究的深度，丰富现有研究成果，具有较好的理论意义。

2. 实践意义

推进社会救助事业高质量发展，切实保障好困难群众基本生活，不断增强人民群众获得感、幸福感、安全感，全面开启中国式现代化建设及共同富裕实现的新征程，需要从人群覆盖比例和救助水平两个维度予以体现。伴随经济社会的发展和人民生活水平的提升，救助覆盖面的扩展增速将回落，而救助水平则将持续提升。社会救助水平反映了救助对象享受救助待遇的高低程度，是社会救助体系的关键要素，研究社会救助水平对于提升救助对象的生活质量与个人福祉具有重要的实践意义。

在绝对贫困治理阶段，社会救助目标定位于解决温饱问题，关注的是生存型救助，而忽视受助者的发展权利和发展机会，已不能满足相对贫困治理阶段个体对提升自身适应能力的需要。随着社会经济发展水平的提高及个体自身需求的多样化发展，在帮助困难群体解决基本生活保障的基础上，持续提高其生活水平、生活质量，不断满足其对美好生活的向往，可以为相对贫困治理奠定必要的政策环境。研究新发展阶段社会救助水平的调整与优化，使之能够适应贫困形态转型后的相对贫困治理需求，持续发挥积极的反贫困作用，对缩小贫富差距、维护社会公平、确保困难群众共同富裕路上"一个不掉队"具有重要的现实意义。

社会救助的财政投入产生的经济社会效益远远大于其财政成本，我国社会救助制度不仅显著提高了困难群体的生活质量，而且提高了困难家庭的人力资本积累，还提高了困境人员的可行能力再造。在中国这种东亚传统价值占支配地位的经济社会体中，社会救助并未产生显著的"福利依赖"现象，因此持续加大对困难群体的兜底保障、提升救助标准，对于改善收入分配、促进消费及助力经济可持续发展都将产生积极的政策后果。

鉴于社会救助支出由各级政府全额负担，研究社会救助支出对于财政的稳健性运行具有重要的政策意义。目前理论界认为仅仅靠救助资金支出水平还不足以完整充分地衡量社会救助水平，需要从满足救助对象基本生活需求的视角反映其需求量，运用 ELES 模型基于收入群分组的消费性支出以及人均可支配收入数据对低收入群体维持基本生活需求所需的货币量进行测算，以此来反映社会救助水平，多维度的财政支出测算对于财政支出的科学性和施政的精准性具有重要的指导意义。

二 文献回顾与综述

（一）社会救助水平测度及问题研究

我国社会救助体系是一个涵盖低保、特困、医疗救助等专项救助、临时救助在内的"8+1"制度体系，其中最低生活保障标准既是资格标准也是待遇水平，且我国现阶段专项救助项目、低收入家庭救助以及慈善等社会力量提供救助的受助资格条件与低保标准相捆绑，可以看出低保标准是整个社会救助体系的核心和关键（姚建平，2021）。因此城乡居民最低生活保障标准一直是社会救助水平研究的重要命题。程中培（2016）通过总结已有的研究得出学界对城市最低生活保障标准的研究主要集中在标准的测定方法、调整机制、评估等方面，并达成以扩展线性支出模型法、马丁法和比例法为主流测定方法，按年定期调整为主、辅之以临时价格补贴的调整机制及实际标准为生存标准且增长缓慢的共识。近年来，国内学者较多采用扩展线性支出系统模型对城乡最低生活保障的标准进行研究。谢冬梅、刘丽丽（2017）采用扩展线性支出系统模型，从农村贫困家庭生存权、教育权及健康权三个视角选取五类生活消费支出，测算福建省农村最低生活保障标准，测算结果表明福建省2007—2011年农村最低生活保障标准偏低。运用扩展线性支出系统模型对农村最低生活保障标准进行测算的还有李敏艺（2018）等学者，且结论基本一致。研究者通过扩展线性支出系统模型测算2015—2019年我国城市低保标准理论值及其替代率警戒线，得出我国现行城市低保标准普遍偏低，保障水平亟待提高（李汶蔚，2019）。杨立雄（2020）引入最低生活保障标准的食品替代率和消费替代率两个指标，衡量了北京市最低生活保障标准的高低，表明北京市最低生活保障标准只能维持基本食物支出，而不能维持基本消费支出。另一部分学者对社会救助水平的研究延续了社会保障适度水平的理论逻辑。王铭（2012）在社会保障适度水平测定模型的基础上，引入"受助率""低保替代率""低保养老比"等研究指标，建立最低生活保障适度水平的量化模型，并对城镇最低生活保障水平进行量化，得出我国城镇低保水平小于适度水平的结论。

由于社会救助标准偏低没有达到"适度水平"，社会救助的应有效应并没有完全释放。曹艳春（2007）通过实证研究表明城市居民最低生活保障制度不能达到基本生活标准，"低保"标准并未有效地缩小贫富差距且对贫困者就业具有较弱的负效应，并针对性地提出动态调整、施行分层梯度式的标准，建立互动支持系统促进就业。张世青、王文娟（2015）深刻分析了以生存权为导向的社会救助水平存在无力保障受助者可持续生计、无法提升受助者可行能力、易使受助者陷入贫困陷阱等弊端，并提出社会救助水平应由"保生存"上升为"保适当"。汤闳淼（2016）指出我国城乡居民最低生活保障标准在具体适用过程中呈现地区差异性，整体偏低，与实际需求不符的问题，并提出可考虑通过分层界定的方法将最低生活保障标准进一步划分为"生存型、基本型、发展型"三个层次。郭忠兴（2023）提出以线分层、以层定户、城乡统筹的思路建立统一的困难家庭分类体系，以家庭收入水平作为核心识别变量，分别按照低保标准、2倍低保标准和社会收入平均数的特定比例划定兜底线、低保边缘线和贫困监测线，将困难群体按照困难程度的高低层次依次分为"低保家庭、低保边缘家庭和相对贫困家庭"。基于此，关信平（2020）提出了在全面建成小康社会条件下，应根据困难家庭在各方面的基本需要提高救助待遇水平，可按照比较合理的基本生活需要或是比较简单的收入比例方法对现金救助的待遇进行测算。

社会救助理论研究和实践操作在西方发达国家已有近百年历史，理论成果较为丰富。随着大规模失业的重新出现和第一轮社会保险的大幅消减，社会救助已成为欧洲和其他OECD国家抵御低收入和贫困风险的重要保障（Dalli M.，2022）。由于国情、历史发展不同，不同国家的社会救助计划名称不同①、结构功能也存在差异。Immervoll Herwig（2015）指出，救助政策设计的目标都是帮助无法从其他来源获得足够收入的个人和家庭获得适当的生活标准，将其作为反贫困措施，减少了收入谱系底部的收入差距，考虑到与社会救助计划相关的扶贫目标，比较各国社会救助水平一个有用的出发点是将其与常用的贫困线联系起来。联合国《经济、社会、文化权利国际公约》中要求各国承认人人享有适当的生活标准，包括享有足够的食物、衣服和住房，不断改善生活条件的权利（Parliament E.，2010），涵盖基本食物、衣服和住房的适当的生活标准构成救助的基本内容结构。美国政府根据当年国民收入的综合物价水平确定"最低生活水准"（Minimum Substistence Income to Survive Without Deprivation），由政府统一实施最低生活保障津贴（Gough I.，Bradshaw J.，Ditch J.，et al.，1997）。

欧洲议会（2010）认为适当的最低收入保障计划应该至少设定在相当于相关成员国收入中位数60%的水平。OECD国家通常采用收入中位数的40%、50%、60%将贫困划分为赤贫（destitute）、低收入（low income）和贫困风险（at-risk-of-poverty）三个等级。Gough Ian（1997）采用模拟家庭模型的方法估算了OECD国家社会救助计划的绝对、标准化、相对的救助水平，结果表明瑞士、英国、德国、爱尔兰等北欧国家的救助福利水平较为慷慨；南欧以及美国各州（纽约除外）的救助水平相对靠后。Wang J. et al.（2018）的研究采用了误差修正模型（ECM）对《里斯本战略》期间（1990—2009年）的社会救助福利数据进行分析，数据显示各国社会救助

---

① 主要表述有社会救助（social assistance）、最低收入福利（minimum income benefits）、底层安全网（minimum safety-net benefits）、兜底福利（last-resort benefits）等。

水平差别很大，卢森堡的福利水平最高，其次是日本、丹麦、爱尔兰和意大利，最后是葡萄牙、美国和西班牙，随着时间的推移，大多数国家的实际福利水平都有所提高。Van Vliet Olaf et al.（2019）依靠相对于劳动收入的最低收入替代率来衡量社会救助水平（social assistance benefit levels），研究表明，在1990—2009年，大多数OECD国家的最低收入替代率有所下降，原因是受国际贸易影响和失业率的飙升所产生的预算压力导致救助福利削减，许多欧洲国家社会救助福利水平不足以使家庭摆脱贫困。Nelson（2013）从社会救助的充分性出发，实证分析了28个欧洲福利制度的数据，发现这些国家社会救助水平较少达到相对贫困水平，不足以解决相对贫困问题。同样，Van Mechelen et al.（2013）根据贫困风险阈值评估欧盟成员国社会救助水平的充分性，也发现除了爱尔兰和丹麦的救助水平高于欧洲贫困线外，社会救助一揽子计划（包括儿童福利和住房津贴，但不包括实物救助和相关权利）不足以保护受助者及其家庭免受贫困。Nelson K.（2012）通过研究欧洲国家的社会救助水平和物质剥夺率认为社会救助与物资匮乏之间存在相当强的负相关关系，这种物资匮乏在中欧和东欧地区比较普遍，社会救助水平相对较低。

（二）社会救助水平影响因素研究

社会救助水平慷慨程度往往反映了一个国家和地区的经济发展水平和人权保护程度（张琳，2020）。影响社会救助水平的因素有很多，国内相关研究主要集中于探讨财政水平、经济特征等约束性视角对政府社会救助水平的影响。已有文献基本形成地方政府财力与其社会救助给付存在正向作用的研究共识。郑新业和张莉（2009）通过地方政府支出模型，发现地方政府财力水平和潜在受助人口规模是决定社会救助支付水平的主要因素，同时教育支出和行政支出对社会救助支出具有"挤出效应"。李鹏（2017）通过考察地方财政分权和市场化水平对低保救助水平的影响，发现地方财政自给度和市场化水平均对低保救助水平有非常显著的促进作用。谢增毅（2014）认为除了财政因素外，缺乏社会救助标准的科学制定与动态调整也是影响社会救助待遇水平的重要原因。程中培（2022）在以往研究的基础上，从人口类型学角度拓展了城市低保救助水平的影响因素，研究结果表明，城市低保救助水平还受到除人均地区生产总值、人均公共财政支出水平和城镇职工平均工资等经济性因素以外的目标群体因素影响。关信平（2014）则认为我国社会救助水平受财力因素限制的情况正随着经济发展水平的提高而日趋减弱，一部分人反对提高社会救助水平的原因主要在于对"福利依赖"的担忧，但"福利依赖"更多在于社会救助体制机制的构建和管理效能的高低，不完全取决于社会救助水平的高低。姚建平（2021）在此基础上也阐释了我国社会救助福利依赖问题是由于其他救助项目缺乏独立的标准而不得不与低保标准进行捆绑，这使得低保收入替代率偏高而导致福利依赖，而实际上我国社会救助保障水平偏低，这种救助水平偏低和福利依赖并存现象与发达国家有着质的区别，被称为"中国式福利依赖"。公衍勇和聂淑亮（2021）通过分析认为我国社会救助之所以未能充分适应"后小康时代"的经济发展需要，正是因为救助工作没有将"救"和"助"有机结合，并认为发展型社会政策通过人力资本投资的方式可以为我国社会救助制度改革完善提供新思路。

国外学者对地方财政预算约束和社会救助水平的影响进行了较多研究。Barrientos A.（2012）认为在低收入国家，社会救助增长速度较慢，而且更具投机性，部分原因是受到生产能力和财政限制。财政预算的有限成为制约政府社会救助支出的基础性因素，这在经济欠发达国家表现得尤为明显（Barrientos A.，2013）。国际上社会救助实践中，各国经济发展水平和财政能力状况不同，导致国家之间在贫困线的设定和社会救助支出上存在较大差异，甚至在同一国家内部的地区之间也存在社会救助水平的差异。国外学术界也从政治、文化等非经济因素对社会救助水平的影响进行了探讨。在代议制国家，政党和政党的竞争一直是扩大和缩减财政福利的重要因素，但也有学者指出，选举竞争对国家福利的党派政治影响微弱，选举竞争的作用有待进一步探讨（Voigt, Linda, and R. Zohlnhfer, 2020）。Craw M.（2010）发现的证据表明，虽然地方社会福利支出在很大程度上由财政能力和联邦及各州的援助所激励，但地方政府提供社会福利的职能和参与政府间收入的决策主要受资本流动程度和地方政治因素的影响。Wheaton W. C.（2000）建立了一个州提供福利的非对称纳什均衡模型，分析发现各州在设定社会救助福利水平时存在纳什博弈，进行"逐底竞争"（race-to-the-bottom），即竞相降低社会救助水平，从而导致社会救助水平低于最优值。但也有观点认为各地区的福利竞争表现为关注福利水平的领先，而不是竞相降低福利水平以避免成为吸引穷人的磁场。Maguain D. et al.（2013）基于对法国福利支出的数据进行研究，发现经济社会因素和人口特征是福利支出的重要驱动因素且地方的福利支出存在正向空间互动，一个辖区的福利支出增加5%会引起相邻的辖区增加10%。

（三）社会救助财政支出研究

财政支出占据社会救助支出的主导地位。程杰（2021）指出社会救助投入强度是评价社会救助水平的宏观指标，并利用社会救助财政投入占GDP的比重测算了社会救助投入强度，发现"十三五"时期中国社会救助财政投入呈现逆转下降趋势，未能与经济增长和财政支出保持同步且低于发达国家和世界平均水平，对逆向调节收入差距的作用十分有限。张亚楠（2016）发现我国社会救助支出存在投入少、覆盖范围小、救助水平低、不均衡等问题。李春根和陈文美（2018）基于巴洛法则与柯布－道格拉斯生产函数对我国2005—2015年不同地区的社会救助支出的适度规模进行测算，发现社会救助财政支出规模在区域间不尽合理，东部地区、中部地区、西部地区的社会救助财政支出分别呈现出略微超出适度规模、趋近适度规模、支出规模不足的特征。学者从社会救助支出责任划分考虑了社会救助财力支持的可持续性。陈文美和李春根（2021）认为社会救助支出责任应由经济发展水平决定，与事权相适应，与财力相匹配，并达到政府间激励相容。杨立雄（2021）基于历史视角，分析了现行"地方掌勺、中央埋单"的央地社会救助责任分工模式存在保障水平差距大、抬升福利悬崖、"漏出"和福利化并存的现象，并提出建立中央主责的基本生活保障制度，地方政府承担救急难和低收入家庭保障的主要责任的优化策略，并且明确提出了调整中央与地方的社会救助支出责任，基本生活保障由中央财政承担80%的支出责任，地方根据自身情况按比例分担；专项救助地方承担主要财政和事权责任，中央给予适当补贴；灾害生活救助支出由央地五五分；除以上之外的情况根据事件的影响程度划分央地责任，合理分配支出责任，有助于促进社会救助均等化（杨立雄，2022）。金双华和孟令雨（2023）通过分析欧盟国家的社会救助制度认为从救助支出规模来看，社会救助适度水平可以在充分考虑救助需求、政府财力供给和福利文化等因素前提下灵活调整，在财力可持续的前提下安排救助资金。

从社会救助支出规模来看，李春根和陈文美（2018）先从理论层面诠释经济发展与社会救助支出的影响关系，然后运用"巴罗法则"、柯布-道格拉斯生产函数及回归的分析方法，测算了2005—2015年全国范围内及不同区域社会救助财政支出的适度规模。实证发现：东中西部分别高于、趋于和远远低于适度规模，表明社会救助财政支出规模在地区结构上不尽合理。谢宜彤（2010）的研究表明，在社会救济方面，社会救济的经费以国家财政分配为主，但资金来源少且在乡村地区，社会救济的经费来源于当地的财政收入，社会救助经费相对不足，难以落实农村社会救助工作和完善农村社会救助体系。朱德云（2011）指出，虽然我国贫困人群的社会救助支出递增，并不受救助人口、通胀、实际经济发展水平、居民医疗支出水平和国家税收收入的显著影响。在确定贫困群体的救济标准时，决策者还需更多地将经济发展水平、贫困群体的实际生活基础支出需求以及通胀等因素纳入考量。张立彦（2013）指出增加政府社会救助支出投入力度是提高收入再分配效果的前提，即虽然支出规模不断扩大，但我国2013年财政支出占经济总量的比例已达到发达国家的下限，相对而言，目前在国内生产总值、财政总开支中，社会救助经费所占据的比例都较小，这一问题的存在影响了国家运用社会救助支出来调整收入分配的作用。

基于中国农村低保的发展状况，仇晓洁与温振华（2012）借助 DEA 方法，对中国的城乡社保支出效率进行了实证研究，发现省际存在显著的差异，其中，东部效率较低，中西部区域最高。郭锐（2010）在对一年内国内各省市的社会救助支出进行统计的基础上，采用随机前沿模型测算了社会救助资金的实际效率，并进行了年度内、东中西部及各省市级之间的横向对比，从而对目前的社会救助支出效率进行了初步研究。夏珺和李春根（2018）使用2008—2013年省际面板数据，分析中国农村最低生活保障财政支出效率，测算中国31个省域农村最低生活保障财政支出的静态效率，同时用 Malmquist 指数法分析效率动态变化情况，并指出农村低保财政支出效率有着较为明显的地域差异和地区特征，提出从测算农村低保财政最优支出规模、农村低保对象识别机制、农村低保标准调整机制、财政支出均等化等方面入手，为了更好地保护农民的生存和发展，必须加强对农民社会救助资金的管理和使用。

围绕社会救助支出结构的研究得出的结论主要是社会救助各项经费支出不协调，最低生活保障救助支出比重偏高，其他救灾、医疗救助仍然偏低；区域、城乡间社会救助资金供给不均衡；社会救助受益人员结构不合理；政府间支出责任划分不合理。马静、朱德云（2012）对我国农村社会救助问题研究作了文献综述，发现农村低保和特困人员供养等起源早，基本生活救助得到了极大的增长，相反具体的项目救助包括专项、临时救助发展不均衡，其中医疗、教育救助占社会救助比重极少，各种农村社会救助项目发展不平衡问题突出。杨红燕（2014）依据国际通行做法，推出地方政府财力能负担社会救助支出的 10% 以上、40% 以下，明确中央财政承担主要责任，中央承担比重在 60% 以上、90% 以下。肖云等（2014）指出，近几年社会救助的开支增幅常常高于经济增幅，但是各项目支出分配不均衡，即更侧重于低保支出，使得其他项目发展后劲不足，且无法针对实际情况进行适时调节，缺少弹性机制，并在此基础上，参考国外成功经验，建议构建一个以"低保"为重点、以"赈灾救济"为侧重点的新型社会救助体系。

大多数关于福利国家社会保护的比较和趋同研究都使用社会支出作为衡量不同国家社会保护水平的指标（Askola Joni，Davison Benjamin，2023）。Adolph Wagner（1958）早在 19 世纪 80 年代提出"瓦格纳定律"，认为随着政府在政治、经济、社会等方面职能的扩大，公共支出规模也不断增加，根据瓦格纳定律，经济发达的国家有着更慷慨的社会保障制度。Adema Willem（2006）指出，尽管在大多数 OECD 国家由地方政府进行裁决是否向申请者提供社会救助支持，但社会救助的支付率很大程度上或者完全由中央政府决定，即中央政府承担了主要支出责任。Gough Ian et al.（1997）通过估算 OECD 国家的平均社会救助支出占 GDP 的比重 2% 左右，其中新西兰最高达到12.5%，澳大利亚、爱尔兰、英国美国、加拿大社会救助支出占GDP比重都在2%以上。金双华等（2023）的研究显示，在北欧国家，福利水平几乎处于高位徘徊状态，社会救助支出占GDP的比重几乎在3%左右，占财政支出的比重在6%左右，大部分国家做到与经济发展水平同步，但也有国家因为过高的支出规模引致财政债务风险，因此要视国情而定。O'Donoghue Cathal（2002）通过对比较南欧国家与法国的社会救助制度运行，得出南欧国家存在社会救助的目标效率很低的问题，并提倡在不违反目前紧张的预算限制的情况下，将有空间的公共援助支出转向真正的穷人。

4. 社会救助发展趋势研究

社会救助制度属于选择型福利，面向困难群众生活各方面的实际困难，救助水平主要保障的是困难群众的基本需要（关信平，2020）。随着我国贫困形态的转型和困难群众救助需求的升级，社会救助亟待改革发展，而社会救助水平的调整是社会救助改革发展的重要方式。赵晰（2023）基于立体性视角对社会救助政策范式变迁进行考察，表明社会救助制度从党的十八大以来发生了从量向质的转变。生存型绝对贫困消除后，新的生活型贫困和发展型相对贫困问题将日趋突出（关信平，2020）。相关研究也表明，随着贫困群体温饱问题得到基本解决后，低保家庭更倾向于将收入用于教育或健康等人力资本投资，稳步提高各项救助水平，是增强社会救助减贫能力的重要举措（杨穗、鲍传健，2018）。陈业宏、郭云（2022）在贫困治理进入相对贫困治理的新发展阶段背景下提出了社会救助功能应从解决生存型贫困向兼顾满足生活型与发展型需求转变。朱楠、王若莹（2023）提出在相对贫困治理时期，应在考虑保障低收入群体基本生活水平和提高其生存和发展的素质和能力上，构建发展型社会救助制度。刘欢、向运华（2022）认为救助政策需要体现多层次性，实现从解决重点问题到一般问题的逐步转换，在扎实推进共同富裕阶段，社会救助的目标导向应从生存型贫困转向生活型贫困和发展型贫困（张伟涛、张昕，2022）。从高质量社会救助体系建设的视角，张浩淼（2022）基于当前社会救助质量不高的现实，分别面向2035年和2050年设定目标，提出应加大财政投入力度，2035年、

2050年国家财政对各类社会救助投入分别占比争取达10%、12%，基本生活救助标准分别达到人均收入30%—40%、40%—50%。林闽钢（2021）指出由城乡分割向统筹城乡社会救助发展是补足民生短板、保障城乡居民平等社会救助权利的必然要求，虽然少数经济发达地区率先实现社会救助城乡一体化，救助标准得到统一，但目前统筹城乡社会救助发展尚处于初步阶段，因此，合理调整社会救助水平是加快促进其他地区社会救助城乡统筹的重要举措之一。

从西方国家经验看，以生活救助为主要内容的社会救助一直是社会保护制度的核心内容，也是国外福利国家体制的重要组成部分。在实践和学术研究中，国外社会救助计划的目标定位、福利依赖、政府开支、责任分担、救助理念和行为激励等问题仍然是政治议程上的重点。2017年《欧洲社会宪章》（修订版）中指出政府应为处于较高贫困风险状态的个人提供预防和支持性质有效、公平地获得救助服务，并满足其生活需要，使其过上体面的生活（Dalli M.，2020）。O'Donoghue Cathal et al.（2002）认为南欧的社会救助目标定位较差，改进目标定位可以更有效地减少贫困，并注意到在充分识别收入方面的行政困难和用于解决这一问题的资源相对缺乏。Barrientos A.（2019）认为，影响亚太地区社会救助未来发展的三大关键问题是对平等和贫困影响微弱的税收转移制度、社会救助的全球扩张基于社会投资作用的可持续稳定的融资。Winchester M. S. et al.（2021）认为尽管社会救助财政支出有助于缓解贫困家庭的经济压力，但许多家庭仍然需要社会网络的动员和资源获取、医疗保健保障等其他基本需求的满足。在美国和加拿大，社会救助计划的慷慨程度在20世纪90年代被严重消减（Béland D.，Daigneault P.，2015；Grogger J. T.，Karoly L. A.，2005），自90年代以来，各国政府几乎没有采取任何立法措施来提高福利水平，或使其跟上生活成本的增长（Floyd I.，Schott L.，2017）。Shahidi F. V. et al.（2019）的研究从公共卫生的角度上证实了这一点，并且认为政府有必要采取干预措施以扩大现有社会救助计划的范围和慷慨程度，这些措施可能包括推翻过去几十年来实施的福利改革、提高救助福利水平、解除福利的领取与严格的工作条件限制。Boschman S. et al.（2021）认为无论在美国还是欧洲国家，福利改革通常侧重于激励受助者就业，其理论机制是认为低收入工作是迈向经济自给自足的垫脚石。Scholten L. et al.（2023）指出为了制定有效改善受助人情况的干预措施，有必要对这一特定群体的经济困难状况、社会归属感和心理健康之间的相互关系进行考察，了解这些不利因素是否以及如何随着时间的推移而发生关联。Nugroho A.（2021）通过分析发现印尼政府的救助从基础项目开始，逐步发展更高级的项目，早期食品的援助和能源补贴消除贫困计划旨在短期内减轻家庭开支。在此基础上，政府进一步制定了有条件的现金转移、教育援助和医疗保险缴费援助更先进的计划，以通过提高人力资本质量来解决长期贫困。

（四）文献述评

综上所述，国内外对于社会救助水平的测算、影响因素、政府财政支出以及发展趋势进行了丰富的研究，并取得了较为丰硕的研究成果。总体来看，OECD国家社会救助计划受助面广、分配作用更为明显。我国社会救助由于标准偏低，同时受到较多资格的限制，受助率也不高，相较OECD国家社会救助水平还存在一定的差距。同时，通过以上分析可以看出，社会救助制度的优化和长期均衡发展的重点归根到底还是在救助待遇水平的动态调整上。已有研究表明，国内学者就社会救助水平偏低，不能满足人民美好生活的需求已达成共识。甚至有学者指出，社会救助水平低下容易导致低保边缘人口被排斥在外，会影响救助对象的瞄准性，降低社会救助资源的利用效率，影响社会救助制度的良性运转。总之，调整提高社会救助水平已然成为当前社会救助制度改革的一项重要任务。通过梳理文献发现，尽管社会救助水平一直备受学界的关注，但国内学者对社会救助水平的研究或是基于需求视角分别从城市、农村两个角度展开，或是基于财政责任视角对社会救助水平展开研究，综合两个视角开展整体性研究的成果偏少，对城乡社会救助整体水平进行量化分析和对社会救助财政负担进行研究的文献略显不足，特别是对于在新发展阶段的背景下如何调整优化社会救助水平来实现社会公平和满足新需求的关注较少。同时发现，不少文献已逐渐关注到社会救助水平城乡统筹发展转轨过程及趋势，符合时代发展规律，对本书的展开具有指导意义。

三　研究思路与框架

（一）研究思路

习近平总书记在 2021 年全国脱贫攻坚总结表彰大会上强调："解决发展不平衡不充分问题、缩小城乡区域发展差距、实现人的全面发展和全体人民共同富裕仍然任重道远。"社会救助作为兜底保障的关键制度安排，其保障水平能否满足困难群众的基本需求，对于缩小我国不同群体之间的贫富差距、促进共同富裕具有重要意义。对社会救助水平的调整不仅关系到社会救助政策的改革方向，也关系着中国从小康向共同富裕目标的持续迈进。有鉴于此，本书遵循"问题导入—基础研究—实证研究—得出结论"的逻辑思路展开。

首先，本书以贫困理论、有限财政理论、发展型社会政策为理论基础，采用文献研究、比较研究和数学模型的研究方法，广泛收集了 OECD 国家社会救助支出、我国人均可支配收入、消费性支出、财政收支等方面的数据资料，聚焦我国与 OECD 国家社会救助支出规模、结构与水平特征并进行对比，为深入研究我国社会救助水平的发展提供类型学支持。其次，本书对我国社会救助支出效率进行研究，通过构建扩展线性支出系统模型测算我国各省社会救助水平，并在此基础上将救助水平分为三个层次，将研究具体化。社会救助待遇能否提高至适度水平，主要取决于财政资金能否对其持续足额投入，即财政是否具备较强的负担能力。因此最后，本书在测算水平基础上分析了财政负担水平，形成对调整社会救助水平的客观事实基础，并根据研究结果提出面向共同富裕目标提升社会救助水平的对策建议，以期为政府将来调整社会救助水平、优化社会救助有关政策提供实证依据。

（二）研究框架

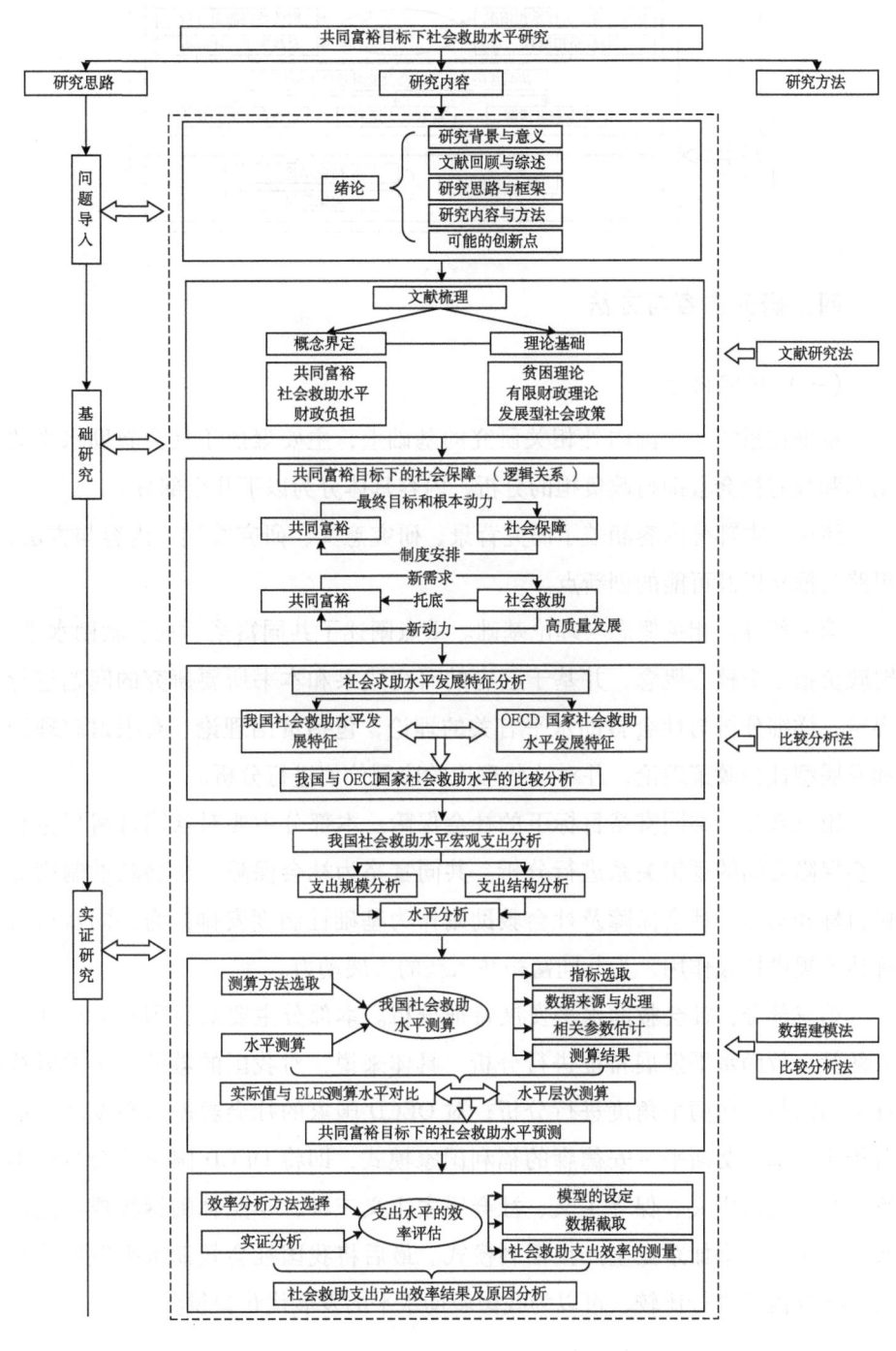

```
                共同富裕目标下社会救助水平研究
    ┌───────────────────┼───────────────────┐
  研究思路              研究内容              研究方法
```

问题导入 ↔ 绪论
- 研究背景与意义
- 文献回顾与综述
- 研究思路与框架
- 研究内容与方法
- 可能的创新点

基础研究 ↔ 文献梳理
- 概念界定：共同富裕、社会救助水平、财政负担
- 理论基础：贫困理论、有限财政理论、发展型社会政策

← 文献研究法

共同富裕目标下的社会保障（逻辑关系）
- 共同富裕 ←最终目标和根本动力→ 社会保障
- 共同富裕 ←制度安排、新需求、托底、新动力→ 社会救助（高质量发展）

实证研究 ↔ 社会救助水平发展特征分析
- 我国社会救助水平发展特征 ↔ OECD国家社会救助水平发展特征
- 我国与OECD国家社会救助水平的比较分析

← 比较分析法

我国社会救助水平宏观支出分析
- 支出规模分析、支出结构分析、水平分析

我国社会救助水平测算
- 测算方法选取、水平测算
- 指标选取、数据来源与处理、相关参数估计、测算结果
- 实际值与ELES测算水平对比 ↔ 水平层次测算
- 共同富裕目标下的社会救助水平预测

← 数据建模法
← 比较分析法

支出水平的效率评估
- 效率分析方法选择、实证分析
- 模型的设定、数据截取、社会救助支出效率的测量
- 社会救助支出产出效率结果及原因分析

四 研究内容与方法

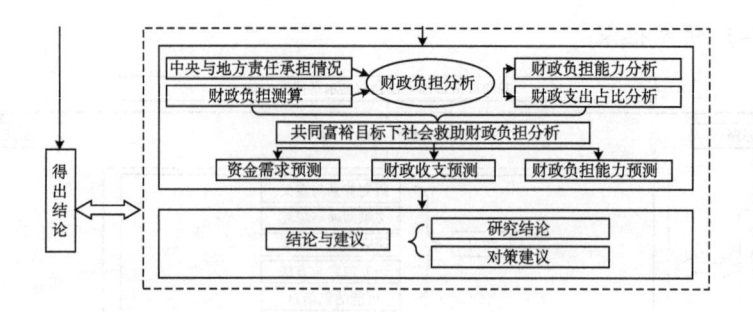

（一）研究内容

本书在系统回顾国内外相关研究的基础上，主要聚焦于社会救助水平的测算和政府社会救助财政负担的分析，内容具体分为以下几个部分。

绪论：本部分内容涵盖了研究背景、研究意义，研究综述、内容与方法、思路与框架以及可能的创新点。

第一部分：相关概念与理论基础。重点阐述了共同富裕、社会救助水平、财政负担三个核心概念，并基于已有的研究成果和本书所要研究的问题进行界定，详细分析与社会救助水平有关的理论，包括贫困理论、有限财政理论和发展型社会政策理论，并对这些理论的应用价值进行分析。

第二部分：共同富裕目标下的社会保障。本部分主要对共同富裕目标和社会保障之间的逻辑关系进行分析。共同富裕为社会保障及社会救助制度提供目标和动力，社会保障及社会救助则作为基础性制度安排，为共同富裕目标达成提供托底作用，为共同富裕注入新的发展动力。

第三部分：社会救助水平发展特征分析。本部分主要对我国和 OECD 国家的社会救助水平发展特征进行分析。具体来说，对我国的救助水平发展特征从横向与纵向两个角度进行分析；对 OECD 国家的社会救助水平发展特征分析主要基于艾斯平-安德森的福利国家模式，即将 OECD 国家社会救助类型划分为自由主义、保守主义、社会民主主义三种，参照林闽钢教授在此基础上的扩展，增加东亚生产型福利模式。最后将我国社会救助水平发展特征与 OECD 国家进行比较，可以为我国救助水平的发展优化提供参考。

第四部分：我国社会救助水平的宏观支出分析。本部分主要对我国社会救助的支出规模、支出结构、支出水平等进行实证分析。

第五部分：我国社会救助水平微观测算。本部分主要包括社会救助水平层次的确定、测算方法的选取、实证测算及结果分析。聚焦于以居民需求为导向的社会救助水平和社会救助水平层次两个维度测算，并在此基础上将测算理论值与实际值进行分析，本部分为建议部分提供实证依据。

第六部分：我国社会救助支出水平的效率评估。本部分主要从财政资金支出效率的角度对我国社会救助支出进行效率评估。

第七部分：我国社会救助水平提升的财政负担分析。本部分主要基于实证测算的结果，了解财政是否足以有能力承担社会救助水平提升所需的资金，评估调整社会救助水平的可行性。

第八部分：共同富裕目标下提升社会救助水平的对策建议。基于前面章节的实证分析结果，依据社会救助水平存在的现实问题以及财政负担的可行性提出面向共同富裕的社会救助水平提升对策。

第九部分：结论与展望。总结研究结论、本书研究的不足之处以及对未来的研究方向提供一些研究思路。

（二）研究方法

1. 文献研究法

文献研究法常用于研究之前或准备阶段，通过查阅足够数量且与所要研究主题相关的文献，对现有的研究成果进行再分析，将所要研究的问题置于丰富的知识体系中，对不同切入点文献的观点浓缩提炼以及归纳分类，并洞察现有研究存在纰漏和不足，最终形成文献综述为后文撰写思路打下基础。本书通过中国知网、Web of Science、JSTOR、ProQuest、谷歌学术、百度学术、独秀、超星等国内外学术文献数据库、云南大学图书馆馆藏文献资料、贵州数字图书馆、CALIS 等平台以及政府门户网站、官方数据资料库等渠道，查询收集大量国内外社会救助水平、最低生活标准相关的各类图书著作、期刊文献、政策文件、统计年鉴和报告。在前期大量整理、研读文献和资料分析的基础上，笔者对社会救助水平的基础理论、发展特征、问题现状、影响因素、测算方法、发展趋势等内容进行系统性总结和评述，进而确定研究开展思路。同时明晰本书的核心概念，确定选取贫困理论、社会需要理论、公共财政理论作为基本理论，并借鉴学界已有的与社会救助水平相关的测算方法，为本书展开奠定了基础。

2. 比较分析法

比较分析法即对各种不同的现象、理论或研究成果进行分析、比较和鉴别，从而形成具有说服力的判断和结论。合理运用比较研究，既通过发达国家社会救助水平"他山之石"的横向比较，又通过我国过去一段时间"以往鉴今"的纵向比较，有助于全面认识新发展阶段社会救助水平存在的问题，并为提升社会救助水平奠定系统的知识基础。目前困难群体、相对贫困现象，无论是在发达国家还是发展中国家都普遍存在，各国采用了各具特色的援助策略予以应对，本书采用比较分析法：一是分析 OECD 国家四种典型福利模式下的社会救助水平与我国社会救助水平，可以发现我国社会救助水平发展存在的差距；二是对实证研究测算的社会救助水平理论值与实际值进行比较，从而客观地了解目前我国社会救助保障水平，为提升我国社会救助质量、保障群众美好生活的需要提供参考；三是将社会救助财政负担系数与财政适度负担系数进行比较，对社会救助财政负担水平进行客观评估，从而分析社会救助待遇能否提高至适度水平。

3. 数学模型法

数学模型法属于定量分析方法之一，具有操作简单、客观准确等优点，其主要依据统计数据，运用数学方法建立数学模型，并用数学模型计算出研究对象的各项指标及其数值，能够使人们对研究对象的认识进一步精确化，以更加科学地揭示规律、把握本质、厘清关系，预测事物的发展趋势，为投资决策提供分析工具。本书主要涉及扩展线性支出系统模型（Extend Linear Expenditure System）的运用。社会救助制度设计目标是满足困难群体基本的生活需求，ELES 模型是分析居民基本生活支出的一种需求函数系统，核心在于以支出反映人们的需求量，通常非基本需求支出在基本生活需求得到满足的基础上才能进行。ELES 模型以支出衡量人们的基本需求量，即只需要按收入水平分组的消费性支出以及人均可支配收入数据就能对人们维持基本生活需求所需的货币量进行测算。

五　创新点

（一）研究视角的创新

以往的研究多基于城市、农村单个视角进行分析，目前对社会救助水平的研究逐渐呈现由点到面转变，不断拓宽研究视角。城乡社会救助水平并轨的发展趋势对本书研究的开展具有指导性作用。但目前我国社会救助城乡统筹正处于初级阶段，对整体性、系统性的社会救助水平研究关注尚少，尚缺少对社会救助整体水平的量化分析，从财政负担能力的角度探讨社会救助水平文献也较少。因此以往的研究为本书研究展开提供了空间，通过对党的十九大以来我国社会救助水平进行测算，客观认识我国社会救助水平存在的差距，为进一步深化社会救助城乡统筹、面向共同富裕的目标提出社会救助水平优化建议，有助于进一步完善我国社会救助制度，提高困难群众的基本生活水平和质量，具有一定的新意。

（二）研究内容的创新

进入高质量发展阶段，实现社会救助水平高质量且可持续发展是响应时代号召、回应人民诉求的应循之路。虽然已有研究提出相对贫困治理阶段，困难群众需求更多样化，应该在满足困难群众生存型需求后向生活型和发展型转型的观点，然而，当前较少有学者将社会救助水平进行分层测算。本书将基于核心概念界定与相关理论，结合人民美好生活需要，客观分析当前我国社会救助整体水平发展特征，厘清目前我国社会救助水平与OECD发达国家存在的差距，运用最新的数据和资料，构建数学模型来测算党的十九大以来我国社会救助水平发展状况，并分析在为困难群众提供一个较为慷慨的社会救助水平下财政是否足以承担，最后面向共同富裕目标提出切实可行的建议，具有较新的实际意义，这是本书研究的创新点。

第一章 核心概念与理论基础

第一节 概念界定

一 共同富裕

共同富裕是社会主义的本质要求,是中国式现代化的重要特征,也是社会主义现代化区别于资本主义现代化的根本标志。在《现代汉语词典》中,"富裕"一词意为充裕,"共同"一词意为"公有的、共享的",共同富裕意味着共享充裕的发展成果。

"共同富裕"蕴含在马克思科学社会主义理论中,是马克思描绘的未来社会的高阶样态和理想状态。马克思倡导在无产阶级革命胜利以后,人们之间形成既彼此平等又相互依赖的关系,人们为了一致的利益与共同的目标而联合起来,一起消灭雇佣劳动、共同占有生产资料与共享社会财富,形成个性自由而又彼此依赖的"自由人联合体"(马克思、恩格斯,2012)。马克思进一步提出,未来社会主义社会的生产力不仅将得到迅速发展,而且生产发展将"以所有的人富裕"为目的(马克思、恩格斯,1980)。"富裕"与"共享"是共同富裕的核心要义,共享发展是走向共同富裕的思想基础,共同富裕是共享发展最终达到的最高境界(刘欢、向运华,2022)。在中国共产党取得革命胜利以后,整个社会主义建设和改革开放时期都坚持了科学社会主义共同富裕思想的原则,每一阶段又呈现出其自身特征(杨宜勇、王明姬,2021)。毛泽东同志的共同富裕思想体现在从农业合作社到人民公社的发展与演变;邓小平同志的共同富裕是指人民群众齐心协力、互帮互助地参与到社会的劳动生产中去，实现全体人民精神与物质上的富足，最终消灭剥削和消除两极分化，共同富裕不是平均主义，而是通过先富带动后富，全体人民实现共同富裕；"三个代表"重要思想通过"代表先进社会生产力的发展要求"和"代表先进文化的前进方向"，构成共同富裕的物质基础和精神支撑，而其成果最终为"代表最广大人民的根本利益"服务；科学发展观提出坚持共同富裕的原则，从根本上说就是要不要走科学发展之路，要不要走中国特色社会主义道路的问题；习近平新时代中国特色社会主义思想最终结合人民群众对美好生活的需要，从发展不平衡不充分的矛盾出发，审视新一轮科技革命的挑战（韩嘉怡、梁乔丹，2023）。

党的十九届五中全会对促进共同富裕作出了重要部署安排，并高瞻远瞩地提出了2035年"全体人民共同富裕取得更为明显的实质性进展"的远景目标。在中央财经委员会第十次会议上习近平总书记强调"要在高质量发展中促进共同富裕，把保障和改善民生建立在经济发展和可持续发展的基础之上，加强普惠性、兜底性的民生保障建设，让经济发展成果更多更公平地惠及低收入群体"（刘贵平，2019）。党的二十大报告也指出"中国式现代化是全体人民共同富裕的现代化，让现代化发展成果更多更公平地惠及全体人民"。可以从一般与特殊两个层面解释中国式现代化的共同富裕内涵，一般内涵包含物质和精神两个方面，特殊内涵则表现在共同富裕具有非同步性、非同等性、非剥夺性、非享受性等方面（张占斌，2021）。因此实现共同富裕不是采取简单再分配方式，而是在实现权利平等、机会均等基础上，人人参与共建共享发展的过程中达到富裕社会；理解共同富裕也需要从"富裕和共享"两个维度展开，它是富裕的共享，也是共享的富裕。在富裕基础上实现共享，也就意味着社会成员共享收入、财产和平等地获得公共服务。共享不是一种平均主义的分享，但也不是两极分化的分配。共享是一种有差别的分享，是一种合理的分享。因此，共同富裕不是均等富裕，是存在一种合理差别的富裕（李实，2021）。在社会整体进入富裕阶段以后，全体人民共享富裕、全面共享富裕、共建共享富裕、渐进共享富裕是以共享发展思想引领和推进共同富裕目标实现，科学理解共同富裕内涵的重要途径。

中国特色社会主义进入新时代，我国社会的主要矛盾已经转化为人民日益增长的美好生活需要和不平衡不充分的发展之间的矛盾。结合主要矛盾的对立统一视角，也可将共同富裕概括为"量"与"质"的统一（于成文，2021）。从量而言，是要实现富裕社会的全体社会成员都拥有满足其美好生活需要的各种生产资料和生活资料，实现全体人民的共同富裕；从质来看，则是要满足人民对物质、精神、生态等美好生活的向往，人人都达到富裕生活水平但仍然存在合理差距（向秋翁姆，2022）。对于共同富裕内涵的理解，也要置于中国式现代化的框架之中。中国式现代化是人口规模巨大的现代化、全体人民共同富裕的现代化、物质文明和精神文明相协调的现代化、人与自然和谐共生的现代化、走和平发展道路的现代化，共同富裕是推进中国式现代化的题中应有之义。在人口规模巨大的国家建设共同富裕，是量级层次的要求；全体人民"一个也不能少"，是共同富裕质级层面的要求。

实现全体人民共同富裕是一项长期而又紧迫的任务，其实践途径包括：促进经济的高质量发展、强化就业优先政策、优化收入分配制度、实现城乡公共服务优质共享、加强精神文明建设、加强生态文明建设、完善社会主义市场经济体制（何自力，2022）。根据中央财经委员会第十次会议精神，实现共同富裕分为两个阶段推进：2021—2035 年是第一个阶段时间节点，2050 年则是第二个阶段时间节点。但从人均 GDP 和人均收入水平来看，中国目前的富裕程度还不高，同时居民收入差距居高不下、不同人群享受的基本公共服务也不均等，因此要促进共同富裕，还是要坚持发展是硬道理，不断提高富裕程度，不断缩小城乡差距、地区差距和收入差距，实现基本公共服务均等化，建立更加完善的"提低"制度，加大对低收入群体的扶持力度（李实，2021）。

分配制度是促进共同富裕的基础性制度，作为再分配制度的重要一环，社会救助是推进共同富裕的重要路径，对促进共同富裕具有不可或缺的作用。包含社会救助在内的社会保障事业通过公平规范、包容共享的制度安排，及时回应和解决社会问题，全面回应了"富裕"和"共享"的要求，在物质生产、分配逻辑、交换消费等环节与共同富裕高度契合，有力地推动着共同富裕的目标实现（《学术前沿》编者，2022）。在脱贫攻坚阶段，社会救助主要以反绝对贫困为目标，关注生存需求的维持和保障，在进入以追求共同富裕为目标的新发展阶段，社会救助要提升生存保障的目标层次定位，着力解决好弱势群体基本生活保障与风险化解能力，着力缩小区域、城乡和人群间的差距，完善发展型、可持续的社会救助制度，为高质量社会救助注入动能，筑牢共同富裕基石（张浩淼，2021；郑功成，2022；张东玲，2022）。

综上所述，社会救助领域的共同富裕可以理解为：在发展生产力的前提下，以普遍富裕为目标导向，为解决居民收入分配发展不平衡不充分问题，按照公平正义的原则，依托普惠性、兜底性等制度安排，帮助通过（不能）辛勤劳作存在生活困难的群体解决在物质、精神等方面的基本需求，让其充分共享经济发展成果，逐步缩小贫富差距，最终实现包括困难群众在内的全体人民的共同富裕，这个过程是一个动态发展的过程，不能一蹴而就，需要持续坚持发展导向、共享导向和公平导向。

二　社会救助水平

社会救助来源于英文"social assistance"，由于不同国家社会救助项目的复杂多样和语言间的转译很难做到精准，因此，社会救助一词没有固定或统一的含义，但都普遍认为社会救助是一个动态的、历史范畴概念，社会救助的内涵和外延随着经济、社会、文化的发展而变化。社会救助是指国家和社会通过立法，对因各种原因导致生活陷入困境，难以满足最低生活保障需求的社会成员给予的无偿物质帮助和服务，维护困难群众基本生活权利的一种社会保障制度（李容芳、吕美楠，2016）。社会救助与其他社会保障项目的区别在于，社会救助针对的是生活在贫困线以下或低于其他资源水平的个人或家庭，因此受助资格通常是通过经济状况调查确定的。

社会救助水平反映的是一国或者一个地区困难群体所能享受到的社会救助保障水平的高低。在社会保障体系中，社会救助通常以生活必需品的需求为基础发挥着"保基本、兜底线"的功能，但随着经济社会的发展变化，生活必需品的内涵也在发展延伸，社会救助水平为适应救助对象需求，也应动态性发展调整。

在西方国家，社会救助水平常用收入替代率、社会救助支出占GDP比重以及社会救助支出占一般政府支出比重等指标来衡量。张世青和王文娟（2014）认为社会救助水平可以由政府救助程度的高低和救助服务的质量水准来衡量，体现政府核心兜底责任的最低生活保障水平的高低可以反映社会救助水平。社会救助包含的内容丰富，涵盖了生活中衣、食、住、居、医、教等多个维度，但最低生活保障标准是社会救助水平的核心内容，因此最低生活保障标准既是界定救助范围、核定救助门槛、安排救助资金的重要依据，也在一定程度上体现了救助水平。考虑数据的可获取性及完整性，本书以最低生活保障水平作为重要的分析变量来反映社会救助水平。

三 财政负担

财政负担属于财政学概念，用于研究不同类型的财政支出对整个财政收支运转的压力和负担。已有的文献从行为和结果两个角度对"财政负担"进行解释：从行为的角度看，"财政负担"由政府买单，用财政来支付；从结果的角度来看，"财政负担"即财政支出对财政总盘子造成的压力，往往是指政府财政部门用其收入支付某项公共产品的财政支出，从而对整体财政收支平衡造成的压力，其核心问题是收支能否保持平衡，同时也反映出中央与地方各级政府之间的利益博弈。本书所研究的社会救助财政负担是基于"财政负担"的结果解释而展开。

社会救助所需资金几乎全部来源于财政资金，其财政负担水平决定了社会救助制度的可持续发展。将"财政负担"概念应用到社会救助领域，主要是指中央与地方政府为履行社会救助责任，产生的社会救助支出对财政造成的压力，往往用财政负担系数予以量化反映，即财政负担规模占财政收入的比重。一般认为，一国或地区现行财政负担水平越高，未来财政支付能力越差，财政负担水平越低，未来财政支付能力越强（赵建国、廖藏宜、李佳，2016）。这是因为现行财政负担水平越高，未来的提升空间越小，因而财政支付能力越弱；反之则越强。因此，社会救助财政负担要建立在适度的水平上，才能确保救助财政收支的即期平衡和长期健康发展。

第二节 理论基础

一 贫困理论

人类社会一直存在贫困,摆脱贫困是许多国家尤其是发展中国家持续奋斗的发展目标。人类对贫困的理解是一个从绝对贫困向相对贫困继而扩展为多维贫困的过程。朗特里(1899)对贫困做出界定,认为家庭的可支配收入不足以支付家庭人口基本生存所需的食品、衣着、住房和燃料的最低费用就是陷入了贫困,并由此确定了绝对贫困线。加尔布雷斯(1958)将绝对收入贫困扩张到相对贫困的概念,他指出一个人是否贫困不仅取决于其自身的收入水平,还取决于社会中其他人拥有多少收入。相对贫困是一个更高层次的概念,它避免采用基本需求的概念,而是考虑了收入不平等和整个社会的财富分配情况,因而采用相对贫困概念的往往是已经摆脱绝对贫困的发达国家。

英国学者彼得·汤森(1979)运用二分法将贫困分为绝对贫困和相对贫困,首次系统地论述了相对贫困理论,即困难个人或者家庭因缺乏饮食、住房、健康、娱乐、社会活动等诸方面的社会资源,不能享受所处环境内正常的生活水平致使其在社会生活、交往活动被排斥的一种生活状态。同时指出英国的贫困形态为相对贫困,以往实施的绝对贫困标准已不再适用于社会发展需要,随着经济社会发展和人类文明进步,人均收入水平和生活消费需求也会进一步提高,生活必需品也会随之扩大其外延。汤森教授还在相对贫困概念的基础上提出了相对贫困的测量方法,基本思路就是:如果某一个个体或家户的收入比社会平均收入水平低很多,那么这个个体或家户就不能充分地参与到社会生活中,因而可以被认为是贫困的。20世纪末,汤森(1993)对贫困进行了分层研究,将贫困划分为"维持生存、基本需求、相对遗缺"三个不同层面。具体来说,"维持生存"涵盖了衣、食、住最低生活所需的必需品;"基本需求"涵盖了在维持生存情况下增加的医疗卫生、公共交通、受教育机会等基础性服务;"相对遗缺"是实现基本需求下增加的文化娱乐、健康预防等服务,体现出服务需求内容会发生变化。

阿马蒂亚·森（2013）从可行能力的视角出发，认为贫困的实质是缺乏维持正常生活和参与社会活动的可行能力，即贫困应该被认为是对人们可行能力的剥夺。世界银行在《2000/2001年世界发展报告：与贫困斗争》中指出，贫困是缺乏达到最低生活水准的能力，贫困不仅指低收入和低消费，还指在教育、医疗卫生、营养以及人类发展的其他领域取得的成就较少。同时指出，贫困进一步发展为没有权利、没有发言权、脆弱感和恐惧感。由此可见，对贫困的内涵认知经历了一个从绝对贫困发展为相对贫困，再延伸到能力、权利缺乏等多维贫困的过程。

中国的学者们对贫困的界定也从单维视角向多维视角转变。童星、林闽纲（1993）认为，贫困是生活必需的物质和服务没有达到正常的标准，并且不具备发展的机会。康晓光（1995）指出，贫困是指人在生存环境中，因为无法合法地得到主要的物质生活资源与参加基础的社会活动的机会，乃至无法确保个人生理与社会文化达到大众所认可的生活标准。张小军、裴晓梅（2007）认为，贫困不仅仅是一种简单地对人们某种生活状态的表述，还是一种社会结构和社会过程的反映。

贫困是一个集经济、社会、政治、文化、环境等各种因素于一身的复杂事项，贫困的成因极为复杂，既可能由个人的能力不足所致，也可能由经济发展、社会结构乃至政治权利配置所致，其具体表现为个体或者家庭收入水平低、消费能力不足、基本生存需求和发展需求难以满足等多方面。美国著名经济学家纳克斯基于贫困问题存在不断循环的事实，提出贫困恶性循环理论（李雄诒、刘溢海，2007）。该理论认为资本缺乏是贫困恶性循环的中心环节，并从资本供给和需求两个角度阐释贫困恶性循环的形成过程，其中供给不足主要体现在低收入、低储蓄、低资本形成、低生产率；需求不足主要体现在低收入、低购买力、低投资、低生产率。因此，贫困产生于贫困、贫困又带来贫困，形成了恶性循环，致使困难群体经济状况较差、生存质量较差、竞争力较差，在接受教育、医疗、卫生、文化、就业、机会等方面处于弱势地位，进而难以自拔。

在2020年以前，我国基本上把贫困理解为衣食住行等物质生活方面的困难，这实际上是一种绝对贫困的认识；而发达国家则认为贫困应从物质和精神两个层面加以理解,这实际上是一种相对贫困的理解(钟仁耀,2013)。对于贫困对象而言,不管是物质还是精神层面都处于双重短缺的境地,对个人家庭、代际传递都将产生不可磨灭的效应,同时会扩大贫富差距、减缓社会发展步伐、影响国家综合实力的提升。作为缓解贫困的重要政策工具,社会救助对绝对贫困、相对贫困乃至多维贫困都有很好的缓解作用。基本生活、医疗、教育、住房和救急难等各类社会救助项目的分类实施,满足了弱势群体的多样化风险分散要求,改善了他们的生活境遇,促进他们更好地融入社会生活,实现公平的社会流动。针对市场经济发展中出现的收入分配差距问题,政府应承担起干预市场失灵的责任,通过建立并完善社会救助体系,有效发挥救助制度的"提低扩中"功能。

贫困理论对本书的应用价值体现在:一是为本书提供方法论指导。根据生活必需品与社会发展相适应这一方法论,社会救助水平的内涵在不同时期也应该有所不同并不断延伸。社会救助的目的在于为困难群众维持基本生活进行兜底,在基本生活需求随着时代变化日益丰富的趋势下,社会救助水平也要做出相应的调整,且遵循从低到高调整的原则,以满足各个时期不同的困难需求;二是为本书实证部分提供了分析框架。基于汤森贫困分层的理论指导,本书运用三分法将社会救助水平划分为温饱型、基本型、发展型三个层次,社会救助水平与贫困的三层内涵依次对应,为社会救助水平的适度分析提供了理论框架。社会救助水平所处的层次应与经济社会发展所处的阶段形成联动效应,即目前我国处于全面建成小康社会时期,社会救助水平应当达到基本型水平。

二 有限财政理论

凯恩斯经济理论及政策主张和新古典综合派提出的"补偿性财政政策"主张以及美国社会保障实践基础为有限财政理论的提出提供了重要理论渊源和实践基础。20世纪30年代,凯恩斯提出国家应推行扩张性财政政策,加大转移支付水平,以提升个人及家庭的有效需求能力。凯恩斯并不否认市场的作用,只是认为市场存在失灵,政府正好是失灵部分的补充,因此该理论提倡有限的再分配,认为政府对经济的干预是有限的。在该理论的指导下,政府对社会保障的干预也是有限的。20世纪50年代，新古典综合派代表人物汉森等基于新的经济发展状况对凯恩斯主义进行了补充和完善，提出了"补偿性财政政策"，其核心是"需求管理"思想，主张财政政策应该交替扩张或紧缩，不追求当年预算收支平衡，而是以达到充分就业水平为目标，用财政支出的增加或减少来补偿私人投资或消费的减少或增加。1935年美国总统罗斯福签署颁布的《社会保障法》建立了"政府有限责任"的社会保障体系，注重强调个人责任、减轻政府负担。有限财政责任理论也曾在欧债危机中受到重视，尤其是希腊、爱尔兰等国的教训表明，过高的失业率造成救助支出规模扩张会带来严重的财政压力，引致持续的财政赤字和公共债务膨胀，诱发财政危机（金双华、孟令雨，2023）。可见，政府的有限财政支出是一个国家财政安全的重要保障。

作为社会保障的财政支持者，政府承担的财政责任是有限的和适度的，需要综合考虑一国或地区的经济、人口及财政状况，在政府财政负担能力的基础上调整公共支出以使未来发展的风险可控。有限财政责任理论同时也强调中央与地方政府在合理的分担机制下承担风险。有学者提出有限财政理论的初衷是解决农村社会养老保险问题，在"有限财政责任农保"理念下，政府对农村养老保险所提供的缴费补贴和承担的养老金待遇支付风险是在特定人群、特定时期内的一种限额限时责任（杨翠迎、米红，2007）。有限财政理论目前主要被应用在城乡居民养老保险领域（黄海波、李文军，2020），尚缺少在社会救助领域的应用。而社会救助的资金主要来源于公共财政拨款，救助标准过低或过高对于救助对象的预期满足及财政的可负担性都可能产生不利影响。因此，社会救助需要考虑公共财政负担的限额限时责任，适用于有限财政理论的分析。

有限财政理论对本书的应用价值体现在：有限财政理论强调需要在政府可负担的能力上调整公共支出，避免因过高的公共支出带来财政困难，造成财政赤字压力。本书基于该理论的基本逻辑，在测算社会救助水平的基础上，对未来调整社会救助水平的财政负担做出判断，以阐明既定水平下救助待遇调整的可行性，以使待遇调整与政府的财政负担相适应；在有限财政理论的指导下，通过区分中央与地方的社会救助支出责任，有助于优化社会救助水平，促进社会救助制度的健康发展。

三 发展型社会政策

传统的现代化发展范式强调国家集中资源实施工业化战略，依赖工业化进程中的资源扩散机制及补偿机制，可以缓解或消除广大发展中国家大规模贫困现象（Nurkse, Ragnar, 1953），过于强调大规模实施国家项目和工业化宏观经济目标，忽略贫困群体的现实生计需求以及资源再分配，低估了贫困现象的复杂性，在减少贫困方面成效甚微（安东尼·哈尔、詹姆斯·梅志里，2006）。

20世纪80年代，伴随着战后福利国家经济体制的危机以及世界政治经济格局的演变，以弗里德曼（1986）、哈耶克（1997）等为代表的新古典自由主义认为经济自由是政治自由的前提，通过市场机制消除贫困现象的思潮逐渐占据上风，撒切尔夫人和里根总统的执政开启了西方福利国家消减公共开支、推进市场化变革的帷幕。然而，由于自由市场机制自身内在缺陷以及功能发挥的条件约束，并不能使经济的发展成果惠及普通大众，反而急剧扩大贫富差距（高功敬，2018）。

20世纪90年代，基于对传统的发展中国家反贫困"现代化发展范式"以及福利政策领域新自由主义理念和政策实践的反思，理论界提出了一系列福利政策新思维，较为典型的有英国学者安东尼·吉登斯（2000）的"第三条道路"福利思想、美国学者迈克尔·谢若登（2005）的资产建设福利理论以及英国学者安东尼·哈尔和美国学者詹姆斯·梅志里（2006）的发展型社会政策理念。这三种典型的福利政策理论对新自由主义效率责难和福利政策可持续发展挑战做出了一致性回应，都力求使社会政策与经济发展的目标之间趋同。具体来说，"第三条道路"福利理论更为宏观，强调加大教育和就业领域的社会性投资以促进社会融合。资产建设福利理论聚焦于穷人资产拥有的重要性，将穷人的金融资产建设和积累作为实现政策目标的途径。发展型社会政策理念统合了"第三条道路"福利思想与资产建设福利理论的核心主张，不仅从宏观层面强调国家必须担负社会投资责任，同时从微观层面强调个人或家庭可持续生计资产建设，具有极强的包容性。

发展型社会政策本质上是一种整体性社会政策，其核心理论将社会政策视为一种社会投资行为，注重人力资本的投资，强调社会政策与经济发展的内在一致性。从政策理念来看，发展型社会政策从支持的角度对市场进行干预，而非像传统社会政策那样秉持反对或克服市场的立场，从而与经济发展之间相互促进、共同发展（公衍勇、聂淑亮，2021；安东尼·哈尔、詹姆斯·梅志里，2006）。从政策运行机制来看，发展型社会政策强调跨部门、多领域的整合协调，发挥多元合力效应以促进政策目标的实现（邢成举、宋金洋，2023）。基于以上能促、包容、风险预防、整合协调等功能性特征，发展型社会政策成为整合20世纪90年代以来社会福利政策领域中各种新思维、新观念与新实践的有效政策框架，是国际社会政策领域中的主导政策范式。

发展型社会政策对本书的理论价值主要体现在：为本书对策建议部分提供理论基础。发展中国家的贫困家庭远比发达国家的贫困家庭面临更多的资源约束、制度缺陷及其他脆弱性因素，针对发展中国家贫困家庭实施救助性政策干预，必须立足于这些国家长期反贫困政策的实践经验及本地福利资源的存量状态。在经济发展水平和财力有限的基础上，发展中国家不能盲目追求发达国家既有的福利发展道路，而要探寻经济发展与社会政策相协调的发展之路。因此，发展型社会政策注重在基本需要满足之上的能力发展、社会投资、政策的协同发力等理论思想，可以为优化提升社会救助水平的对策建议提供启示，为我国走向共同富裕的社会救助水平优化方向。

第二章　共同富裕目标下的社会保障

共同富裕是社会主义的本质要求，是中国式现代化的重要特征，是社会主义最大的优越性体现[①]，也是社会主义现代化区别于资本主义现代化的根本标志。中国共产党的百年奋斗目标和重要使命就是通过持续解放和发展生产力，使全体人民通过共同富裕过上美好生活，这是中国共产党发展的内生动力所在，也是中国共产党始终坚持一切为了人民、一切依靠人民的性质宗旨所在。20 世纪 80 年代，邓小平同志首次提出共同富裕，随即成为中国共产党人的远大愿景和宏伟理念，并于 2020 年党的十九届五中全会历史性地转变为国家阶段性的发展纲领。党的十九届五中全会明确提出，到 2035 年"全体人民共同富裕取得更为明显的实质性进展"，正式拉开了共同富裕战略部署的帷幕。2021 年 6 月，中共中央、国务院印发《关于支持浙江高质量发展建设共同富裕示范区的意见》，作为东部沿海发达省份的浙江被赋予了先行先试共同富裕改革的重要任务，期望通过浙江建设经验为全国推动共同富裕提供省域范例。2021 年 8 月 17 日中央财经委员会第十次会议提出，要坚持循序渐进，对共同富裕的长期性、艰巨性、复杂性有充分估计，鼓励各地因地制宜地探索有效路径。

在中央财经委员会第十次会议上，习近平总书记明确指出："共同富裕是全体人民共同富裕，是人民群众物质生活和精神生活都富裕，不是少数人的富裕，也不是整齐划一的平均主义。"这为我国在新阶段促进共同富裕指明了前进方向、提供了根本遵循。富裕和共享构成了共同富裕有机统一的两个重

---

① 邓小平同志指出："社会主义最大的优越性就是共同富裕，这是体现社会主义本质的一个东西。"参见《邓小平文选》第 3 卷，人民出版社 1993 年版，第 364 页。

要内容和特征：既是享有主体的"全民共富、一个也不能少"，又是实现机制的"共建共享、全员参与"，更体现为评价维度的"全面富裕"、发展过程的"长期性、分步性"（杨宜勇、王明姬，2021）。因此，共同富裕的内涵与特征为我国民生保障领域的制度规划与发展进程提供了顶层指引与统领，也为社会救助制度的高质量发展、低收入群体的收入提升指明了路径。

一 共同富裕是社会保障制度建设的最终目标和根本动力

从诞生的那一刻起，社会保障制度就把调节社会财富分配格局、促进社会公平作为建制宗旨，通过依法强制共享的方式增进人民福利、缩小收入差距，客观上促进了社会成员之间共同富裕的实现。只不过，资本主义的社会保障制度是为了维护资本的利益和资产阶级的统治，而社会主义的社会保障制度是真正为人民谋福利、真正保障全体人民共享发展成果和真正为了推动人的全面发展、社会的全面进步。作为社会主义现代化区别于资本主义现代化的重要标志，共同富裕目标的实现是一个动态过程，共同富裕的标准是相对的而不是绝对的，因此，推动共同富裕的重心应该放在如何实现共享上、如何更好地实施分配与再分配上。共同富裕这种"共享"品质，与社会保障作为收入再分配的制度本质存在内在一致性，"共享"是再分配的价值指引，为社会保障制度建设发展提供了内生动力；"再分配"是"共享"的政策路径，是有效弥补初次分配差距的重要制度安排。

恩格斯在《共产主义原理》中明确提道："由社会全体成员组成的共同联合体来共同地和有计划地利用生产力；把生产发展到能够满足所有人的需要的规模；结束牺牲一些人的利益来满足另一些人的需要的状况；彻底消灭阶级和阶级对立；通过消除旧的分工，通过产业教育、变换工种、所有人共同享受大家创造出来的福利，通过城乡的融合，使社会全体成员的才能得到全面发展，——这就是废除私有制的主要结果。"这为共同富裕的建设道路指明了方向。党的十八大以来，以习近平同志为核心的党中央提出了"创新、协调、绿色、开放、共享"的新发展理念，把共享发展落实到了国家建设当中。"共享发展"理念开拓了发展的新境界，与人民群众的切身利益息息相关，成为新时代全面建成小康社会、奋进共同富裕目标的出发点和落脚点。坚持共享发展，就是要尊重人民群众发展的主体地位、保障群众的各项权利，真正做到发展为了人民、发展依靠人民、发展成果由人民共享，社会保障正是把共享发展权利具体化的制度安排。社会保险为社会成员提供养老、医疗、工伤、失业等风险分散机制，有利于社会成员的全面发展，这是对共同富裕本质要求——"人的全面发展"的追求与保障；社会救助为社会成员提供兜底性制度安排，守住共同富裕的底线，这是实现共同富裕目标的关键"第一步"；社会福利提高了特定人群的生活质量和生活水平，并在基本养老、医疗等公共服务领域与全民福利项目有效衔接整合，形成共同富裕的适度普惠型福利制度安排。因此，共同富裕为社会保障提供了价值引领、目标导向，是社会保障制度发展的动力和前进的方向，只有把握共同富裕"富裕与共享"的关键点，不断提高全体社会成员对财富的共享度，满足人民对美好生活的向往，才能通过阶段性目标实现，最终走向全体人民的共同富裕。

二 社会保障是实现共同富裕的重要基础性制度安排

在新的历史条件和发展水平下，满足成员的基本需要构成共同富裕的基础目标，而社会保障具备的收入再分配性质及兜底保障功能，为社会成员的基本需要及发展机会提供了基础性制度安排。

习近平总书记（2022）指出，社会保障是保障民生、维护社会公平、增进人民福祉的基本制度保障，是促进改善经济社会发展、实现广大人民群众共享改革发展成果的重要制度安排，发挥着民生保障安全网、收入分配调节器、经济运行减震器的作用，是治国安邦的大问题。这一重要论断深刻揭示了社会保障的本质特征和制度定位，以及社会保障在共同富裕进程中发挥的基础性作用。

中华人民共和国成立之初，民生凋敝、百业待兴。在恢复经济、稳定社会的同时，党中央提出实行劳动保险制度，保障劳动群众基本权利、增进社会福利的主张，逐步建立了与计划经济体制相适应、以城镇职工单位保障为主要特征的社会保障制度（人力资源和社会保障部党组，2019）。改革开放以来，在国民经济高速增长、亿万民众生活得到持续普遍大幅改善的情况下，为适应从计划经济体制向社会主义市场经济体制转轨的要求，我国全面改革传统社会保障制度，使之成为全体人民共享国家发展成果的基本途径与制度保证（郑功成，2016）。党的十八大以来，以习近平同志为核心的党中央始终坚持以人民为中心的发展思想和共享理念，把保障和改善民生作为发展经济的根本目的，不断增进人民福祉，促进人的全面发展，不仅历史性地解决了困扰中华民族千百年的绝对贫困现象，建成了世界规模最大的社会保障体系并被国际社会保障协会授予"社会保障杰出成就奖"，实现了全面建成小康社会的第一个百年奋斗目标，迈向共同富裕的步伐更加坚定、基础更加扎实、路径更加清晰。中国特色社会保障道路发展史，就是持续推进"发展为了人民、发展依靠人民、发展成果由人民共享"的历史，就是把共同富裕作为制度目标予以持续建设实现的历史。

当然，共同富裕的前提是富裕，当前的基本任务是在全面建成小康社会的基础上，不断缩小城乡差距、地区差距和人群的收入差距（席恒，2023）。而历经 30 多年的发展，我国现代社会保障事业取得了全面进步，正成为全体社会成员基本富裕和共享发展的基本途径和有力保障。截至 2023 年年底，全国有 10.66 亿人参加基本养老保险，社会保障卡持卡人数达 13.79 亿人，近 3 亿人领取基本养老金，基本医疗保险参保人数达 13.4 亿人，参保率稳定在 95% 以上，这些数据充分证明了我国社会保障制度在民生领域的保障力度及覆盖面水平。与此同时，我国社会保障待遇水平也伴随经济发展动态调整、持续提升，民众的安全感、幸福感、获得感显著增强。自 2008 年开始，我国退休人员的养老金待遇水平按照 10% 的年调整率持续增长到 2015 年，截至 2023 年年底，16 年间待遇水平平均增长率达到了 7.5%。职工、居民医保政策范围内住院费用基金支付比例分别达到 80% 以上、70% 左右，社会救助标准不断提升，其他各项保障待遇均在同步增长，这表明人民群众通过社会保障制度分享国家发展成果的份额在持续提高（郑功成，2024）。

三 社会救助为共同富裕提供了托底作用

社会救助是我国多层次社会保障体系最具共享性、公平性、兜底性的制度安排，社会救助通过最低生活保障、医疗救助、临时救助等保障低收入群体基本生活和基本需要，对于提升低收入家庭收入、缩小低收入群体收入差距方面发挥着至关重要的作用，是促进低收入群体共同富裕的重要措施（杨立雄，2022）。在全面开启中国式现代化新的时代进程中，社会救助为困难群体提供相关物质、资金和服务支持，为实现共同富裕"一个也不能少"的目标托底护航。因此，社会救助与低收入群体的社会福利水平最为相关，对于促进低收入群体共同富裕具有不可或缺的重要作用（梁土坤，2022）。

不管一个社会经济水平如何发展，总存在部分群体由于自然、社会或生理因素而缺乏基本的政治、经济、文化、社会等资源，维持自身生存与发展的能力不足，进而在经济社会发展中处于不利地位。这部分脆弱性群体应对市场风险挑战的能力较差，受到风险冲击以后特别容易陷入困境，并且依靠自身力量很难走出困境，最终导致在实现共同富裕的进程中"掉队"。针对这部分群体的困境，期望通过市场机制的"涓滴效应"来自动解决几乎没有可能性，只有通过社会救助制度才能有效回应脆弱群体的需要，为其提供保护与支持，增强其防范和应对风险的能力，以避免其在促进共同富裕进程中因"风险冲击"而掉队，这既是共同富裕的题中应有之义，也是社会正义的核心原则所要求。①

在个体与群体遭遇风险冲击的时候，社会救助制度也发挥着"减震阀"的作用，为风险主体提供化解风险的必要支持，使其能够恢复和重建自身可行能力。在家庭灾难性卫生支出风险和教育支出型贫困风险分散方面，贫困人口可行能力提升和减贫、防返贫机制建设方面，社会救助发挥着积极作用。当社会遭遇重大公共卫生危机时，社会救助制度也有效托底、维持个体和家庭生计稳定，切实发挥了民生保障"定心丸"和维护社会安定"稳定器"作用，充分显示其在应对风险冲击时的制度韧性和积极功能。

四 共同富裕对社会救助发展提出了新要求

2020年，我国打赢了人类历史上规模最大的脱贫攻坚战役后，我国的贫困形态发生了根本的改变。贫困人口"吃不饱、穿不暖"的问题已经解决，

---

① 基于罗尔斯的正义论原则，在肯定和确保每一个社会成员的基本权利及其义务和机会的自由平等的基础上，"社会与经济的不平等"要"适合于最少受惠者的最大利益"。

义务教育、基本医疗、住房安全得以保障，绝对贫困成为历史，但相对贫困则成为一段时期我国经济社会发展的常态。伴随人民生活水平的提升，人们对美好生活的向往日益强烈，而针对低收入群体的社会救助内容也必然升级，以适应共同富裕建设要求。

我国社会救助制度在发挥救急难功能方面成效卓著，但现行社会救助制度的基本定位是"托底性"，其基本原则是"广覆盖、保基本"。这使得我国社会总体福利水平较低。以最低生活保障制度来说，截至2023年11月底，我国城市低保平均标准779元/人·月，农村低保平均标准615元/人·月，而同期全国居民人均可支配收入39218元/年，城市低保平均标准占城镇居民人均可支配收入51821元/年的18%，农村低保平均标准占比农村居民人均可支配收入21691元/年的34%，这个救助标准不仅低于很多国家的相关标准（按照人均可支配收入中位数50%—60%计算），也难以满足可行能力弱势群体提高生活质量和实现美好生活的基本需要（梁土坤，2022）。

共同富裕不只是部分群体富裕，而且是所有社会群体都富裕；不只是某些地区富裕，而且是所有地区都富裕；不只是物质方面的富裕，而且是在物质富足的前提下精神也富足。要实现这一宏伟目标，就必须不断缩小区域、城乡不同群体的收入差距，不断满足城乡人民日益增长的经济、政治、文化、社会、生态各方面的需求。因此在水平上，共同富裕要求社会救助标准应当根据经济社会发展水平和物价变动情况做动态调整，以适应经济社会发展阶段并与救助对象需求相匹配；从内容结构上看，共同富裕要求提升专项救助占比增速，以在满足基本生活救助的基础上更好地促进人的能力发展；从救助方式来看，共同富裕要求扩大服务救助占比，夯实"物质+服务"救助的高质量发展基础。正是因为共同富裕发展愿景的战略牵引，社会救助的制度内容、制度性质都在拓展变化，面向困难群体基本生活救助的性质在弱化，而面向共同富裕的收入改进性质在持续强化。伴随救助对象需求的个性化、品质化发展，为更好地满足其对美好生活的向往，包括救助水平在内的各项救助制度结构必然随之调整，以适应制度的高质量发展。

五 社会救助高质量发展为共同富裕注入了新的发展动力

《中共中央关于制定国民经济和社会发展第十四个五年规划和二〇三五年远景目标的建议》中提出,在"十四五"时期要提高人民收入水平,尤其要着力提高低收入群体收入,扩大中等收入群体,到2035年中等收入群体显著扩大。2021年10月,习近平总书记在《求是》杂志上发表《扎实推进共同富裕》的文章,提出"要抓住重点、精准施策,推动更多低收入人群迈入中等收入行列",以此扩大中等收入群体规模,并分别阐述了扶助高校毕业生、技术工人、中小企业和个体工商户、进城农民工等群体进入中等收入群体的政策举措。

2021年11月,党的十九届六中全会通过的《中共中央关于党的百年奋斗重大成就和历史经验的决议》提出,要建设体现效率、促进公平的收入分配体系,调节过高收入,取缔非法收入,增加低收入者收入,稳步扩大中等收入群体,推动形成橄榄型分配格局,正式形成有中国特色的"调高""扩中""提低"的收入分配调节政策体系。党的二十大报告提出,增进民生福祉、提高人民生活品质的重要途径就是"坚持多劳多得,鼓励勤劳致富,促进机会公平,增加低收入者收入,扩大中等收入群体"。提高低收入群体收入,扩大中等收入群体,是"十四五"时期提高人民收入水平的重要举措,也是实现共同富裕的关键。

低收入群体是中国经济增长和结构优化的新动力(刘世锦,2019),提升低收入群体增收能力和社会福利水平,是构成扩大中等收入群体相关政策实践的前提和难点(吴奕潇、王强,2023)。在全面建成小康社会以后,我国能否实现占总人口50%左右的低收入群体的收入增长、实现中等收入群体倍增目标,既是共同富裕达成的目标约束,也是我国经济成功跨越中等收入陷阱的重要动力。但目前来看,社会救助的水平还相对偏低,这是现阶段制约社会救助参与共同富裕建设的主要因素。从社会救助财政投入上看,2021年我国社会救助财政支出为2400.9亿元,占财政支出的比重为0.9%,与发达国家存在较大差距(杨兰,2021)。从最低生活保障标准来看,截至2023年11月底,我国城市低保平均标准和农村低保平均标准占比城镇居民和农村居民人均可支配收入分别为 18% 和 34%，这严重影响了低保对象的生活水平及家庭的消费预期。如果家庭的可支配收入长期偏低并没有显著改善迹象，那么家庭的消费预期就会低迷，而消费是宏观经济增长的重要驱动力之一，如果消费长期低迷，必然导致经济增速放缓，甚至出现衰退；同时，消费也是居民福利和生活质量的重要体现之一，如果消费水平低下，就会导致居民幸福感下降，社会矛盾加剧，这些因素都势必影响到共同富裕的实现。

第三章 社会救助水平发展特征分析

社会救助因其保障的基础性和直面贫困与弱势群体生活需求等特点,在市场经济条件下不可或缺,即使是最富裕和最发达的社会也是如此。当代大多数国家都建立了社会救助(或称"公共援助")制度,以确保社会成员在因各种因素导致生计中断时,不至于陷入无助的困境。社会救助水平反映的是一定时期内一国或地区困难群众所享受的社会救助经济待遇的高低,大多数学者在衡量社会救助水平高低时主要参考社会保障水平的衡量方法。在经过文献精细阅读后,本书对反映社会救助水平的指标与方法进行了整理,如表3-1所示。

表3-1 社会救助水平衡量指标与方法

作者	研究主题	衡量指标	概念界定
金双华 孟令雨 (2023)	欧盟国家社会救助全过程充分与公平	总量充分(TSA、GSA) 水平充分(PSA)	社会救助支出占GDP比重(TSA)、社会救助支出占财政支出比重(GSA)、人均收益水平占可支配收入比重(PSA)
杨立雄 (2022)	社会救助改革研究	最低生活保障标准替代率	最低生活保障标准占全国居民人均可支配收入
严宇珺 严运楼 (2019)	上海城乡最低生活保障标准	低保标准可支配收入替代率、低保标准消费支出替代率	低保标准可支配收入替代率=低保标准/人均可支配收入;低保标准消费支出替代率=低保标准/人均消费支出

续表

作者	研究主题	衡量指标	概念界定
谢东梅 刘丽丽 (2017)	福建省农村最低生活保障标准测算	最低生活保障救助系数	同期低保标准与居民家庭人均食品消费支出之比
姚建平 (2012)	中国城市低保标准水平分析	消费支出替代率、最低工资替代率	消费支出替代率＝最低生活保障标准/当地居民平均消费支出；最低工资替代率＝低保标准/最低工资标准

资料来源：笔者整理。

收入替代率指救助后的收入占当地居民人均收入的百分比，是众多学者用于评价城乡低保标准具体实施水平的指标。国内外学界的共识是救助的收入替代率水平必须适度，既不能过高也不能过低，因此社会救助的待遇标准应设置为既能维持受助者的基本生活又不致影响其工作积极性的合理层次。目前国际上公认较为合理的水平计算方法应是欧盟的"占人均收入的50%或收入中位数的60%"的水平，超过人均收入（70%甚至以上）容易使受助者内生动力不足，产生福利依赖；低于人均收入（30%及以下）则会使受助者无法维持基本的生存需要，所以50%—60%的比例能够较好地在激励就业和满足生存必需之间取得平衡。

社会救助的充分程度直接反映政府对弱势群体需要的回应程度以及能否有效发挥降低贫困风险的作用。社会救助支出占GDP比重（TSA）和社会救助支出占财政支出比重（GSA）从宏观层面上决定了社会救助的保障水平和保障范围；社会救助的人均受益水平占可支配收入比重（PSA）可以反映社会救助满足困难群体生活需要的程度（金双华、孟令雨，2023）。

最低生活保障救助系数用以衡量低保支出对贫困家庭食品消费支出的保障程度，当救助系数大于0、小于1时表示，即使低保家庭将所有低保金全部用于购买食物上，仍然无法达到当地居民食品支出的平均消费水平，根据统计经验，救助系数值在0.65左右，可以基本解决救助对象的食品支出需要（谢东梅、刘丽丽，2017）。

通过以上分析，不同学者采用不同的方法来衡量社会救助水平，在考虑数据的可获取性上，为了更加全面地分析社会救助水平发展状况，本节在分析社会救助水平发展特征中将采用低保标准可支配收入替代率、低保标准消费支出替代率、社会救助支出占财政支出比重、社会救助支出占 GDP 比重等多个指标，以全面反映社会救助水平。

第一节 我国社会救助水平发展特征

党的十八大以来，我国社会救助制度逐渐由碎片化的救助项目完善为分层分类、城乡统筹的综合型社会救助体系，形成了以基本生活救助为基础、以专项救助和急难救助为补充的救助制度。2014 年，国务院颁布的《社会救助暂行办法》首次以行政法规的形式规定了以最低生活保障、特困人员供养、灾害救助、医疗救助、教育救助、住房救助、就业救助、临时救助八项社会救助项目为主体，以社会力量为补充的"8+1"的救助框架。2020 年 9 月 7 日，《中华人民共和国社会救助法（草案征求意见稿）》进一步规定最低生活保障制度和特困人员供养制度为生存型贫困对象提供保障，医疗救助、住房救助等专项救助保障范围扩大到更多的低收入群体，临时救助等项目为有需要的全体公民提供保障，社会救助制度进一步完善，针对困难群体的兜底安全网更加密实牢靠。

一 社会救助资金支出特征

党的十八大以来，我国对社会救助领域的财政投入力度持续加大，社会救助支出规模持续增加，救助项目不断丰富，对治理绝对贫困起到了重要的托底促进作用。数据显示，近五年来我国社会救助事业费稳定在 2200 亿元以上，2020 年社会救助的财政投入总额达到历史性的 2711.9 亿元，同比 2019 年增长超过 10%。社会救助资金支出呈现出以下特征：一是支出规模不断扩大。2017 年社会救助资金总支出为 2609.8 亿元，2022 年为 2707.9 元，增长了 3.8%；虽然社会救助资金支出的绝对值在逐年增长，但占财政支出比重却由 2017 年的 1.29% 逐渐下降至 2022 年的 1.04%，占 GDP 比重由 2017 年的 0.31% 缓慢下滑至 0.22%，究其原因，可能与我国的脱贫任务完成有关，救助对象数量减少从而导致社会救助支出占比减少。从表3-2可以看出，2020年社会救助支出占财政支出比重达到近十年最低，表明在2020年较多困难群众经济状况在帮扶下有所提升，较好地实现了脱贫摘帽，但2021年后占比有所回升，可能与2020年全球遭遇新冠疫情冲击、经济形势不稳定有关，较多居民面临失业，造成生活困难，因此这一时期社会救助支出有所增加。整体来看，社会救助支出占GDP比重较低，增长变化平缓，这在一定程度上反映了困难群众并未能共享到经济发展的成果。

表3-2 2017—2022年社会救助支出情况

年份	社会救助支出（亿元）	财政支出（亿元）	GDP（亿元）	社会救助支出占财政支出比重（%）	社会救助支出占GDP比重（%）
2017	2609.8	203085.49	832035.9	1.29	0.31
2018	2224.0	220904.13	919281.1	1.01	0.24
2019	2281.4	238858.37	986515.2	1.10	0.23
2020	2711.9	245679.03	1013567.0	0.96	0.27
2021	2549.4	245673.00	1149237.0	1.03	0.22
2022	2707.9	260552.12	1210207.2	1.04	0.22

资料来源：根据2018—2023年相关统计年鉴统计数据整理计算得出。

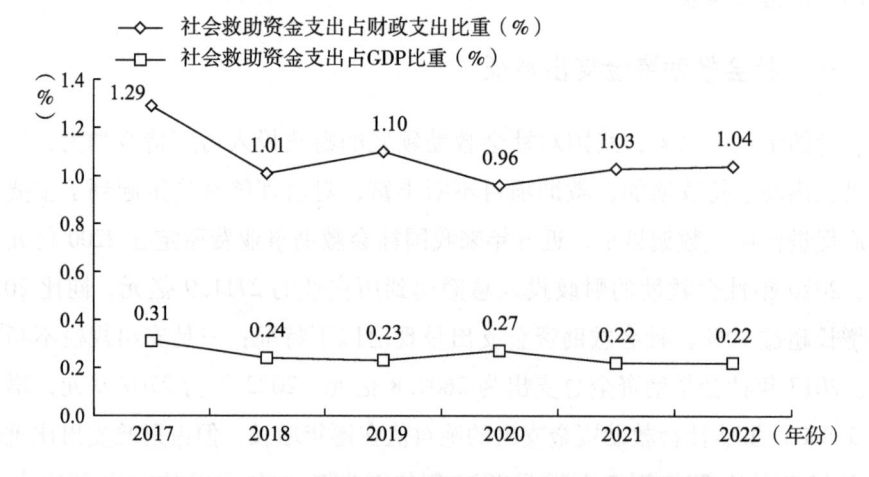

图3-1 2017—2022年我国社会救助支出占比变动趋势

资料来源：根据表3-2绘制。

图3-2反映了2017—2022年我国社会救助各项目支出变化情况，需要说明的是，由于社会救助各项目由不同的部门管理以及财政事权划分的不同，统计口径也存在差异，图表中的数据统计了最低生活保障、特困人员救助、临时救助、医疗救助、自然灾害救助、住房救助、就业救助、其他社会救助八项支出，由于教育专项社会救助与一般性补助支出界限模糊，因此不做统计。本章节统计的住房救助支出包括廉租住房、公共租赁住房、农村危房改造、保障性住房资金补贴四个项目；就业救助支出包括就业创业服务补贴、公益性岗位补贴两个项目。由于2018年机构改革，医疗救助、自然灾害救助等职能从民政部门转出，自然灾害救助支出为地方财政事权，因此2018年之后的医疗救助数据来源于《全国医疗保障事业发展公报》，自然灾害救助数据来源于《全国财政支出决算表》。

图3-2显示，2022年最低生活保障支出为1946.9亿元，相较于2017年增长了15.0%；2022年特困人员救助支出为533.0亿元，相较于2017年增长了83.5%；2022年医疗救助支出为626.0亿元，相较于2017年增长了66.4%；2022年临时救助、其他社会救助支出分别为143.3亿元、84.7亿元，相较于2017年分别增长了33.1%、下滑了13.6%；2018年自然灾害救助支出为126.0亿元，相较于2017年有所下降，但2019—2022年自然灾害救助支出大幅增加，2022年为245.7亿元，相较于2017年增长了92.0%，可以认为与近年来的重大疫情和地质灾害多发等密切相关。2022年就业救助支出为306.9亿元，相较于2017年上涨了134.0%；住房救助支出呈明显的下降趋势，2022年为443.1亿元，相较于2017年下降了29.6%，从侧面说明群众住房得到了较好的保障，基本实现住有所居。

综上所述，近年来社会救助各项目支出除了住房救助、其他社会救助以外，总体呈上升趋势，其中特困供养救助支出涨幅最大、最低生活保障支出涨幅最小，最低生活保障支出水平呈现先缓慢下降后波动上升的趋势，具有一定的调整空间。从社会救助支出类别占比来看，最低生活保障支出近九年来的占比稳定在70%以上，故城乡最低生活保障支出一直处于社会救助体系的核心地位，是实现兜底保障的基础，后文将重点围绕城乡最低生活保障展开研究，在一定程度上可以反映社会救助水平。

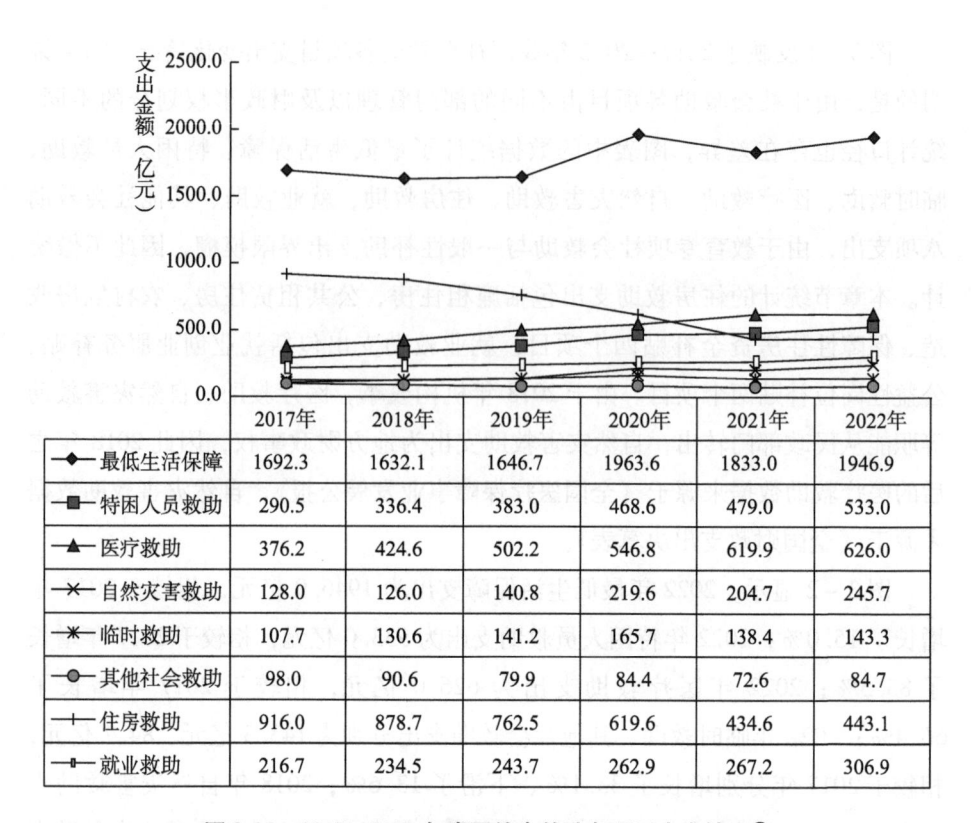

	2017年	2018年	2019年	2020年	2021年	2022年
最低生活保障	1692.3	1632.1	1646.7	1963.6	1833.0	1946.9
特困人员救助	290.5	336.4	383.0	468.6	479.0	533.0
医疗救助	376.2	424.6	502.2	546.8	619.9	626.0
自然灾害救助	128.0	126.0	140.8	219.6	204.7	245.7
临时救助	107.7	130.6	141.2	165.7	138.4	143.3
其他社会救助	98.0	90.6	79.9	84.4	72.6	84.7
住房救助	916.0	878.7	762.5	619.6	434.6	443.1
就业救助	216.7	234.5	243.7	262.9	267.2	306.9

图 3–2　2017—2022 年我国社会救助各项目支出情况[①]

资料来源：根据历年《中国民政统计年鉴》《全国医疗保障事业发展公报》《全国财政支出决算表》整理自制。

二　最低生活保障水平时间序列特征

党的十八大以来，在强化和保障基本民生的政策导向下，低保标准逐年提高。根据图 3–3 数据显示，城乡低保平均标准均表现出较大幅度的提升，其中，从低保平均标准的绝对水平来看，城市从 2017 年的 6487.2 元/人·年增长至 2022 年的 9027.6 元/人·年，增长了 39.2%；同期农村从 4300.7 元/人·年增长至 6985.2 元/人·年，增长了 62.4%。但与此形成鲜明对比的是，城乡低保对象的覆盖人数却与低保财政投入和低保平均标准提高的趋势背道

[①] 由于数据来源不同或因四舍五入的原因，可能存在分项与合计不等的情况。

而驰，呈现出逐年缩减的态势，城乡低保覆盖率从 2017 年的 3.8% 下降到 2022 年的 2.9%。① 同时从低保平均标准的绝对数值来看，城乡低保的待遇差距逐年缩减，从 2017 年的 1.5 倍降至 2022 年的 1.3 倍，在一定程度上体现了城乡统筹发展的趋势。

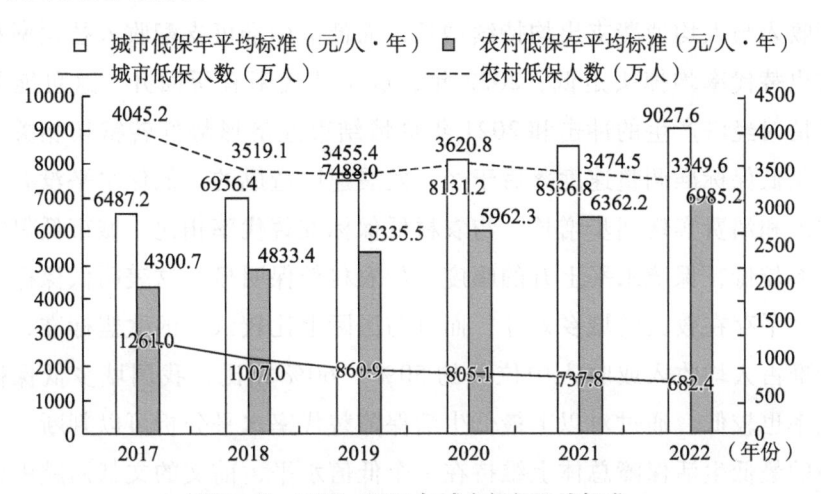

图 3-3　2017—2022 年城乡低保平均标准

资料来源：根据历年《中国民政统计年鉴》数据资料整理自制。

低保标准与居民人均可支配收入的比值即低保标准可支配收入替代率，该项指标既反映了低保标准满足困难群众基本生活需求的能力，又反映了我国经济发展进程中困难群众共享发展成果的程度。比值过高会产生"福利依赖"现象，给财政造成负担；比值过低则无法有效保障困难对象的基本生活需求。低保标准与人均消费支出水平的比值即低保标准消费支出替代率，该项指标既反映了低保标准对低保对象基本消费支出方面的替代能力与水平，又从侧面反映了困难群体的基本消费能力与需求。

从低保标准替代率水平来看，近十年来我国农村低保标准的可支配收入替代率比例维持在 26%—35%，平均值为 31%，消费支出替代率维持在 33%—43%，平均值为 38%；城市低保标准的可支配收入替代率一直维持在 17%—19%，平均值只有 18%，消费支出替代率维持在 24%—28%，平均值在 27% 左

---

① 通过城乡低保覆盖率 = 城乡低保对象/总人口 × 100% 计算得出。

右（如表3-3）。不管是城镇还是农村，低保标准可支配收入替代率和消费支出替代率均有所增加，但增长率极为平缓。2020年的收入和消费支出替代率都达到巅峰值，这与2020年我国为胜利完成全面脱贫任务需要强化最低生活保障兜底功能相关。2021年不管是城市还是农村，人均可支配收入与人均消费支出均持续增长，而低保标准可支配收入替代率和消费支出替代率均掉头走低；2022年，低保替代率有所回升，这可能与新冠疫情对经济产生的冲击和2021年疫情结束经济形势好转密切相关，也可能是低保标准调整速度落后于经济发展速度造成的，低保水平没有与居民收入和消费实现同步增长。与农村低保标准替代率相比，城市低保标准替代率较低，保障水平上升的幅度不如农村低保明显，这表明低保标准的保障水平存在较大的城乡差异，而且与国际上比较认可的欧盟标准，即受助标准占人均收入或收入中位数的50%—60%相比，我国城乡低保标准替代率也较低。通过对以上最低生活保障替代率水平分析可以判断，目前我国的最低生活保障总体上维持在一个低值水平，前文的文献回顾中也充分证明了这一点。维持目前的保障水平，能够满足困难群体的基本生活需求，但无法满足其多层次的发展需求。在我国贫困性质发生根本转变的时代背景下，最低生活保障需要从"补缺型"为主逐步转向在此基础上的适度发展，持续优化制度标准，确保精准兜底保障困难对象并满足其进一步发展需求。

表3-3 2017—2022年最低生活保障替代率水平

年份	低保标准（元/人·年）		人均可支配收入（元）		人均消费支出（元）		低保标准可支配收入替代率		低保标准消费支出替代率	
	城市	农村	城市	农村	城市	农村	城市	农村	城市	农村
2017	6487.2	4300.7	36396.2	13432.4	24445.0	10954.5	0.18	0.32	0.27	0.39
2018	6956.4	4833.4	39250.8	14617.0	26112.3	12124.3	0.18	0.33	0.27	0.40
2019	7488.0	5335.5	42358.8	16020.7	28063.4	13327.7	0.18	0.33	0.27	0.40
2020	8131.2	5962.3	43833.8	17131.5	27007.4	13713.4	0.19	0.35	0.30	0.43

续表

年份	低保标准 （元/人·年）		人均可支配收入 （元）		人均消费支出 （元）		低保标准可 支配收入 替代率		低保标准 消费支出 替代率	
	城市	农村	城市	农村	城市	农村	城市	农村	城市	农村
2021	8536.8	6362.2	47411.9	18930.9	30307.2	15915.6	0.18	0.34	0.28	0.40
2022	9027.6	6985.2	49283.0	20133.0	30391.0	16632.0	0.18	0.35	0.30	0.42

资料来源：根据历年《中国民政统计年鉴》和《中国统计年鉴》相关统计数据整理计算得出。

三 最低生活保障水平城乡发展特征

自最低生活保障制度建立以来，受我国经济社会体制的影响，最低生活保障制度建立之初就形成了城乡二元分割的"双轨制"，农村明显滞后于城镇。党的十八大以来，为化解人民日益增长的美好生活需要和不平衡不充分的发展之间的矛盾，党和国家高度重视社会救助领域的城乡统筹，并做了一系列部署安排。2012 年，国务院印发《关于进一步加强和改进最低生活保障工作的意见》，从城乡统筹角度对低保制度进行规范；党的十三届三中全会提出了"推进城乡最低生活保障制度统筹发展"；党的十九大报告强调"统筹城乡社会救助体系，完善最低生活保障制度"；2020 年中共中央办公厅、国务院办公厅印发《关于改革完善社会救助制度的意见》，再次提出"要推进社会救助制度城乡统筹，加快实现城乡救助服务均等化"。2021 年，民政部印发的《最低生活保障审核确认办法》删减了与城镇、农村相关的概念，所有相关规定不再区分城乡，统一规范为"最低生活保障"；党的二十大报告再次强调"健全覆盖全民、统筹城乡、公平统一、安全规范、可持续的多层次社会保障体系"，明确要求"着力解决好人民群众急难愁盼问题，健全基本公共服务体系，提高公共服务水平，增强均衡性和可及性，扎实推进共同富裕"。但最低生活保障城乡统筹实践与政策要求之间仍然存在一定的距离，主要体现在城乡低保标准统筹比的差异上（如表 3-4 所示）。需要说明的是，本书使用比例差值而非绝对差值来判断城乡低保标准的差距，目的正是基于城乡统筹的视角便于横向公平，且在实践当中许多省份也是按照城市低保标准的一定比例来设定农村低保标准的，其中城乡低保标准统筹比为各省农村低保标准占城市低保标准的比值；城乡低保替代率为各省城乡低保标准占各省城乡居民可支配收入比值。

表 3-4　2022 年 31 省份城乡低保统筹比及可支配收入替代率

省份	城乡低保标准统筹比	城市低保替代率	农村低保替代率	省份	城乡低保标准统筹比	城市低保替代率	农村低保替代率
全国	0.77	0.18	0.35	河南	0.69	0.20	0.28
北京	1.00	0.19	0.46	湖北	0.78	0.20	0.33
天津	1.00	0.23	0.42	湖南	0.75	0.16	0.29
河北	0.71	0.21	0.31	广东	0.81	0.20	0.39
山西	0.82	0.19	0.38	广西	0.66	0.24	0.35
内蒙古	0.74	0.21	0.36	海南	0.92	0.19	0.36
辽宁	0.76	0.20	0.33	重庆	0.82	0.19	0.37
吉林	0.73	0.21	0.29	四川	0.74	0.19	0.33
黑龙江	0.72	0.23	0.32	贵州	0.70	0.20	0.41
上海	1.00	0.20	0.43	云南	0.65	0.20	0.36
江苏	0.98	0.16	0.34	西藏	0.44	0.24	0.28
浙江	1.00	0.18	0.35	陕西	0.69	0.18	0.34
安徽	0.99	0.20	0.45	甘肃	0.65	0.22	0.44
福建	0.99	0.19	0.40	青海	0.67	0.22	0.39
江西	0.76	0.23	0.38	宁夏	0.76	0.19	0.36
山东	0.80	0.22	0.39	新疆	0.79	0.20	0.36

资料来源：根据《2023 年民政统计年鉴》和《中国统计年鉴》数据计算得出。

根据表 3-4 数据显示，2022 年全国城乡低保标准统筹比为 0.77，从地域分布来看，城乡低保标准统筹比整体上呈现出东部沿海地区高、西部和东北部地区低的特点。2022 年全国城市低保可支配收入替代率为 0.18，农村低保可支配收入替代率为 0.35，其中湖南省、江苏省、上海市低于全国城市低保平均替代率，农村低保替代率呈现出西南、东南、西北地区高，东北地区低的特征，整体来看，农村低保可支配收入替代率高于城市低保替代率，在一定程度上反映了由于农村经济发展水平、居民收入落后于城市，而导致最低生活保障收入在农村困难居民可支配收入中占据更好的地位。特别是东北部、部分中部、西部地区城乡之间的保障水平还存在较大差距，农村低保标准只能在一定程度上对居民贫困生活起到缓解的作用，远远达不到改善生活水平的效果。

从省际比较来看，目前我国省级城乡低保统筹比的城乡空间差异整体上可以分为五个梯队，如表3-5所示。上海、北京、天津等发达地区率先在全国实现城乡低保标准统一，低保标准城乡比等于1。西南部大部分地区位于第四、第五梯队，中部地区和东北大部分地区位于第二、第三梯队，表明受经济社会发展水平的差异影响，各地低保标准城乡统筹发展的进程、路径等存在明显的异质性，影响着低保制度的公平与统一，同时还会阻碍我国城市化进程，长远来看不仅不利于城乡一体化的推进，更不利于最低生活保障制度的持续发展。在城镇化进程不断加快的背景下，农村居民的消费水平不断提高，生活物价水平上涨，将缩小与城市居民消费水平之间的差距，为了更好地实现公平兜底责任，城乡居民最低生活保障标准实现同步增长是必然趋势。随着经济水平的发展和政府财政能力的增长，地区之间、城乡之间在低保标准上的差异也将随之缩小乃至趋同。

表3-5 城乡低保统筹比梯队分类

梯队级别	包括的省份	低保标准城乡比
第一梯队	北京市、上海市、天津市、浙江省、福建省、安徽省、江苏省以及海南省	0.90—1
第二梯队	重庆市、山西省、广东省、山东省、新疆维吾尔自治区	0.79—0.89
第三梯队	湖北省、辽宁省、宁夏回族自治区、江西省、湖南省、四川省、内蒙古自治区、吉林省、黑龙江省、河北省以及贵州省	0.70—0.78

续表

梯队级别	包括的省份	低保标准城乡比
第四梯队	河南省、陕西省、青海省、甘肃省、广西壮族自治区以及云南省	0.50—0.69
第五梯队	西藏自治区	0.44

资料来源：作者根据表3-4数据分类整理得到。

第二节 OECD国家社会救助水平发展特征

20世纪90年代，丹麦学者哥斯塔·埃斯平-安德森（Gosta Esping-Andersen）在其经典著作《福利资本主义的三个世界》中根据"去商品化（de-commodification）程度""阶层化"（stratification）以及"国家—市场—家庭间关系"将OECD福利国家分为三种基本的福利体制类型，一是以美国、英国、加拿大等盎格鲁—撒克逊国家群组为代表的自由主义福利体制；二是以法国、德国、芬兰等历史合作主义和德国俾斯麦以来的家长式权威主义国家为代表的保守主义福利体制；三是以瑞典、丹麦、挪威等斯堪的纳维亚国家为代表的社会民主主义福利体制。伴随20世纪后半叶东亚经济的腾飞，学者们将研究焦点从西方转向东亚国家，霍利德（Ian Holliday）在埃斯平-安德森三个维度的基础上，结合社会与经济政策间的关系这一维度来考察东亚福利制度，提出东亚生产性福利资本主义（productivism welfare capitalism）的概念（王小兰，2020；Holliday I., 2000）。以日本、韩国、新加坡等东亚国家或地区群组为代表的生产型福利体制，可归结为第四种福利体制，被众多学者用以分析东亚国家或地区的福利形态。社会救助政策作为社会保障政策的重要组成部分，也可从四种模式入手予以比较。因此，本书从四种福利体制类型学角度，对OECD国家社会救助水平进行分类比较。

一 自由主义福利体制

自由主义福利体制源于17世纪英国政府颁布的《济贫法》，在这种福利体制中，占据支配地位的是经济调查式的社会救助、少量"普救式"的转移支付或作用有限的社会保险计划。福利给付的主要对象是收入较低、依靠国家救助才能生存的贫困者，具有明显的局部性特征，资格条件苛刻且给付数额极为有限，该类型国家的非商品化程度最低，强调市场扮演为核心，靠个人在市场得到福利与服务，国家与家庭角色均是边际性的，国家尽可能减少对市场的干预，仅为那些在市场竞争中被淘汰且符合救助标准的弱势困难人群提供救济性的生活保障。主要代表国家有美国、英国、加拿大。

美国的社会救助制度始建于 20 世纪 30 年代，1974 年的《社会保障修正案》将分类补充的公共援助整合为补充收入保障计划（SSI）并将之纳入联邦政府主管。经过不断发展，美国的社会救助项目超过 80 项，主要包括补充收入保障计划（SSI）、困难家庭临时救助（TANF）以及为大多数低收入家庭提供食品券的补充营养援助计划（SNAP）、失依儿童家庭补助（AFDC）等项目。救助形式包括直接提供现金救助，以提高贫困者的购买力；或者提供生活必需品，如食品券（Food Stamp）、住宅与医疗照顾；重点保护儿童和青少年的成长环境；创造就业机会等。救助款主要由联邦政府和各州州府共同负担。SSI 计划的初衷是保障处在贫困线以下的居民的生活，制度补贴标准设定在人口普查局的法定贫困线以下，实际给付给单身受益人的救助金约为法定贫困线的 75%，夫妻受益人的救助金约为法定贫困线的 90%，补贴标准每年 1 月会根据生活成本指数增加（王美桃，2021）。

英国社会救助源于中世纪时期基督教的慈善施舍和同业行会的互助互济。英国是最早建立社会救助制度的国家，并形成了社会救助制度中的"英国典范"。社会救助标准主要考虑最低生活水平，即贫困线标准。英国确定最低生活水平的理论标准参照"恩格尔定律"，即根据家庭用于食物支出的比例来大体测定家庭生活水平。救助对象可以享受救助金、取暖费、房租补贴，有子女的家庭还可以享受牛奶、膳食费以及免缴国民保险费。除了获得现金救助外，还可获得就业帮助服务。救助资金主要由政府拨付，资金来源于国家财政收入中的一般税收，政府预算对社会救助支出作安排。

加拿大收入保证救助金（GAI）制度源于美国，通过设定最低收入标准，为每位公民提供维持基本生活的最低收入，是一种收入支持计划。1974 年加拿大联邦政府与地方政府开展负所得税（NIT）制度试点，配合累进所得税制设计，根据低收入群体的实际收入与维持一定社会生活水平所需要的消费支出差额，运用税收征管体系依率计算发放该群体补助，具体的金额等同于GAI制度下的最低生活补贴标准。实践中GAI制度与NIT制度都旨在确保无收入来源的家庭获得最低生活保障的现金福利，随着家庭收入的增加，补助金额会逐步减少。2016年最低生活保障制度（GAINS）重新启动，并安排相关预算，成为加拿大社会救助的重要转折点。GAINS补贴标准随个人收入以及婚姻状况的变动而变动，零收入的救助对象获得最高补贴金。2018年，GAINS对无收入的单身受益人、家庭受益人分别提供的补贴标准为16989美元/年、24027美元/年。同时，补贴标准每季度会随着通胀水平调整一次。2023年10月1日至12月31日，GAINS补贴标准调整为单身每年22172.28美元，夫妻每人每年17123.28美元。

从自由主义福利体制国家社会救助支出占GDP比重来看（见图3-4），英国社会救助水平较高，但近年来，呈现逐渐下降趋势，2018年加速下降，但仍然高于OECD国家平均水平，2020年为2.3%，这就需要思考为什么英国社会救助福利水平一直在快速降低，原因可能有很多，其中重要的原因是英国的高福利水平使得公共财政不堪重负，这需要在今后社会救助改革中予以警惕。加拿大、美国社会救助水平均低于OECD国家的平均水平，美国社会救助水平是OECD国家中最低的，甚至可以说美国是低福利国家。2014年之前，美国与加拿大之间差距较为平稳，但2014年之后，加拿大社会救助水平增长较快，之后基本维持在1.7%左右的水平，而美国却仍然保持较低的态势，仅为0.7%左右，变化幅度相对平稳，这与美国的自由主义经济模式有关，其福利提供主要针对流浪汉等低收入人群，保障其最基本的生存需求，但如果想要提高生活质量，就必须依靠自己的能力和竞争力。综上所述，在自由主义福利国家代表中，英国社会救助福利水平较高，加拿大次之，美国最低。

二 保守主义福利体制

保守主义福利体制的特点是给付对象以劳动者为核心，社会权利的资格以参与劳动市场和社会保险缴费记录为前提条件，待遇水平则根据职业、收

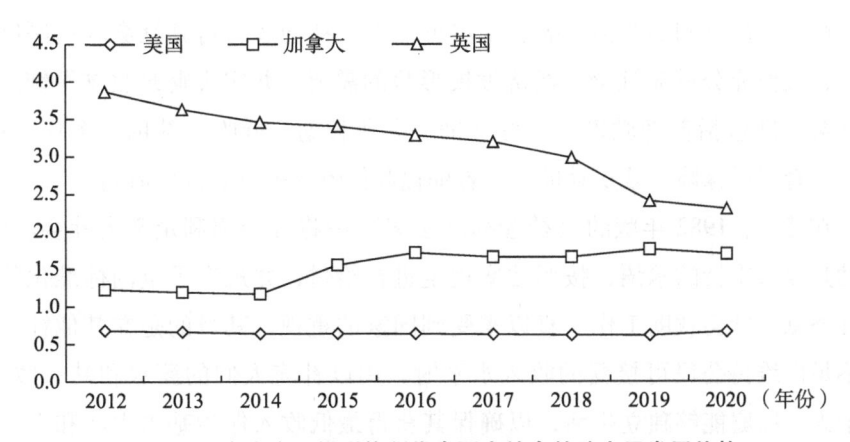

图 3-4　自由主义福利体制代表国家社会救助水平发展趋势

资料来源：OECD 数据库，https://www.oecd.org/。

入、缴费率以及缴费年限等因素确定，实行有限差别原则。国家首先保障社会成员最基本的生活水平，然后根据劳动者的工作绩效以及缴费多少等给予差别的补贴。在特定领域，国家提供必要的资金支持（如基础公共年金），其在发挥福利供应者职能的同时也赋予家庭承担福利的责任，只有在家庭服务无能为力时国家才提供辅助性的福利与服务。该类型国家的福利非商品化程度一般，在福利供给中，家庭角色最为重要，政府扮演辅助性角色，而市场只是扮演边际性角色，主要代表国家有德国、法国、芬兰等。

德国社会救助侧重于非自愿地陷入贫困状态急需帮助且当前不具有就业条件的特殊困难家庭，内容包括生活补助、针对老年人和丧失劳动能力人群的补助、医疗补助、残疾补助、护理补助以及其他特殊困难群体的救助等。德国各州维持最低生活水平的保障标准都考虑了衣、食、家庭用品等日常必需品、住房、特殊事件以及参加社会活动和文化活动等开支成本，社会救助待遇在考虑兜底受助人生活状况的基础上，根据个人需求量身定制。社会救助资金的 75% 来源于地方市、县政府，另外的 25% 来自州政府。从 20 世纪 90 年代以来，德国社会救助支付额度开始根据物价情况进行指数化调整，德国地方政府的津贴支付水平已经非常慷慨，2006 年德国又制定了详细的社会救助年度指数化机制，持续提升社会救助水平。

法国的社会救助制度历史悠久，坚持福利性和公平性的基本理念，强调普遍性、适应性和协调性，既要使尽可能多的社会成员得到社会救助制度的保护，又要充分适应社会、经济发展形势的需要，并实现财政收支平衡。法国社会救助包括养老救助、家庭救助、失业救助、低收入补助、医疗救助、家庭生育津贴保险、残疾补助等，救助福利保障水平位居世界前列。

在芬兰，1982年版的《社会福利法案》中将社会福利定义为社会救助，救助是收入支持的术语，按照法案规定进行给付，并规定了全国标准化的适用性条款。社会救助工作一直以来受到国家的重视，其目的是在其他社会措施不足以维持公民可接受的收入水平时，用以补充人们的薪水和其他收入，使个人、家庭能够独立生活，以确保其获得最低收入保障基本生活和人权尊严。目前芬兰政府发放的社会救助包括基础性救助金、补充性救助金、预防性救助金三大类，救助水平根据区域生活水平而设定。

从保守主义福利体制代表国家社会救助支出占GDP比重来看（见图3-5），德国、法国、芬兰社会救助福利水平均高于OECD国家水平，法国、芬兰的社会救助水平相当，均维持在3%左右，且变化趋势较为平缓；德国的社会救助水平与OECD国家社会救助水平较为接近，近年来，呈现出缓慢增长的变化趋势，逐渐与OECD国家平均救助福利水平拉开差距，2020年占GDP比重为2.42%。德国、法国均是社会保障制度历史悠久的国家，北欧的芬兰社会保障体制也比较完善，从而其社会救助福利水平较高。综上，保守主义福利国家的社会救助水平相对于自由主义福利体制国家较高，其中，芬兰、法国救助福利水平相当，高于德国救助福利水平，但随着时间变化，德国与法国、芬兰的差距在缩小。

三 社会民主主义福利体制

社会民主主义福利体制源于1942年贝弗里奇提出的"普遍性原则"。福利资格的确认覆盖全体具有公民资格或长期居住资格的社会成员，而不是由某一群体所独享。这种福利体制与前面两种相比，更加强调公平原则，力图追求相当水平，甚至满足新中产阶级需求的平等标准的给付与服务以保证工人能够享受中产阶级所享有的权利。在这种体制下，普遍的、无差别的义务保险占主导地位，而与薪资收入、劳动技能、工作绩效等相关的差异性补贴

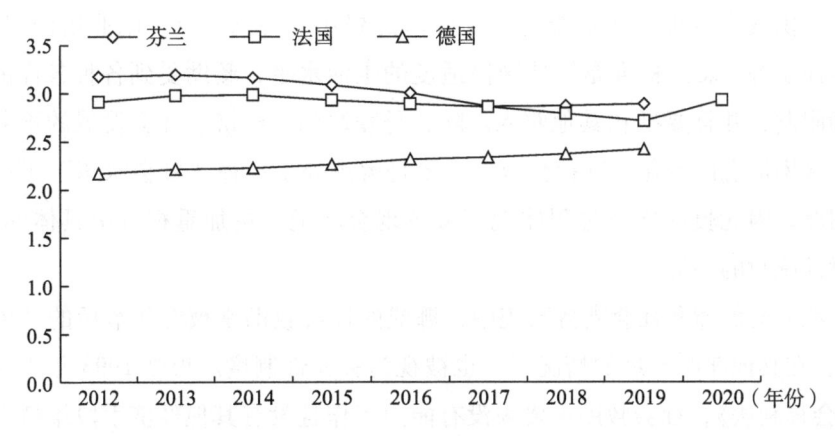

图 3-5　保守主义福利体制代表国家社会救助水平发展趋势

资料来源：OECD 数据库，https://www.oecd.org/。

内容较少。该类型的福利体制非商品化程度最高，社会福利项目高度制度化，给付最慷慨，分层化水平最低，福利国家角色为核心，家庭与市场角色均是边际性的。主要代表国家有瑞典、丹麦、挪威。

在其他形式的社会保障和自有收入不足以维持生计的情况下，瑞典的社会救助是最后一种救助方式，出于使受助者能够独立生活的目的，保证个人能够达到一种体面的生活水平。救助对象包括老年人、儿童、单亲母亲、移民群体等重点帮扶对象，救助内容包括基本和补偿两个部分。基本援助包括食品、衣服、最低保健、交通费、通信费等日常生活费用；补偿救助则包括住房费用、额外保健费用以及其他特殊费用。援助资金部分由中央提供，部分由地方融资，地方是社会援助的中心角色。在计算社会救助所需资金时，需要考虑如食品、个人卫生用品、服装家具等日常生活支出以及实际的住房开支。社会救助水平（基本部分）在全国是统一规定和标准化的，也是慷慨的。

丹麦社会救助作为福利体系的重要部分，具有起步早、内容全、对象广等特点，其贫困率在 OECD 国家中位于最低水平，社会救助的对象主要是处于相对贫困状态的社会成员，例如处于困难状态下的失业、老弱、疾病、怀孕、离婚、配偶死亡等群体。从救助形式上来说，丹麦的社会救助制度大致经历了现金救助、生活救助、就业救助三个阶段。最开始丹麦的社会救助较多地提供现金救助，包括维持实际生活的费用、特别开支、职业培训津贴、青年津贴等。救助标准是维持国民适度的生活水平，救助受到各种各样的最高额限制，并且要抵扣其他收入。随着丹麦政治、经济、社会发展的不断调整及贫困形态的变化，其社会救助主要是解决处于一种"社会状态"下的困难问题，因此救助展开过程体现了减少现金救助，更加重视解决具体问题，针对性施救的态势。

在社会保障和社会支持系统中，挪威的社会救助常被看作最后的"安全网"，在其他津贴不足的情况下，也被视为补充性制度。根据1993年生效的《社会福利法》，社会救助主要为没有能力工作且没有其他经济手段维持自己基本生活的对象提供支持。救助主要以现金形式给付，也可以以其他形式给付。经济救助必须从根本上使受助者自助，或者使其有克服或适应其困难境遇的机会为目的。在法律中没有对经济支持的救助标准规定上限或下限，津贴不用征税，由市政当局设定应包括的消费种类比率和标准。

从社会民主主义福利体制代表国家社会救助支出占GDP比重来看（见图3-6），瑞典、丹麦、挪威等北欧福利国家的社会救助福利水平很高，远远高于OECD国家平均水平，可以说是OECD国家中社会救助福利水平最高的，这与北欧国家非常完善的社会福利体系有关，当然，也与北欧国家的经济发展水平、实行高税收、高福利政策、国民追求平等的意识高度相关。2012年，瑞典的社会救助福利水平高于丹麦、高于挪威，但随着社会救助福利改革不断地发展以及经济水平的提高，2020年，瑞典、丹麦、挪威的社会救助水平相当，社会救助福利水平占GDP比重基本维持在3.5%左右，瑞典社会救助福利水平发展特征呈现出稍有下降趋势，丹麦变化较为平缓，挪威呈现出轻微波动中缓慢上升的发展趋势。

四 东亚生产型福利体制

在生产性福利资本主义模式下，东亚国家或地区的社会政策从属于福利政策，社会政策仅限于与生产活动有关的有限社会权力，在福利资源的分配上采取非普遍性、阶层性的分配方式。东亚福利体制与西方国家的福利体制不同，主要表现出以下四个特征：一是经济高速发展推动了福利政

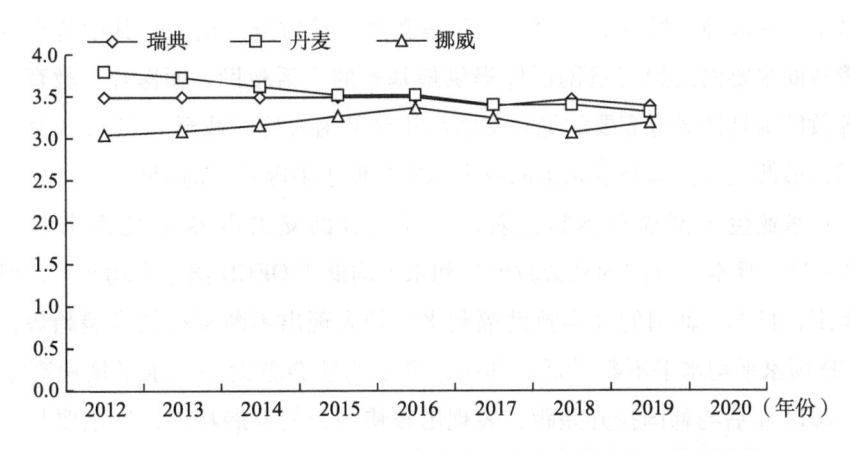

图 3-6　社会民主主义福利体制代表国家社会救助水平发展趋势

资料来源：OECD 数据库，https://www.oecd.org/。

策的发展，生产性特点尤为突出；二是家庭在福利中扮演重要的角色；三是较低的政府福利角色；四是在有限的福利支出中，福利分配集中于特定的"精英群体"或与政权合法性有关的劳工，该类型福利体制代表国家主要有日本、韩国等。

日本社会救助制度又被称为生活保护制度或公共扶助制度，是国家根据无法维护生活的个体陷入贫困的程度给予必要的保护及提供最低限度保障以保证其独立生活的托底性保障制度。日本的社会救助制度包括生活救助、教育救助、住宅救助、医疗救助、分娩救助、创业救助、丧葬救助七种项目，同时为受助人提供救护措施、康复设施、就业技能培训等服务。最低生活保障标准由日本厚生劳动大臣根据地区、年龄、性别、独立生活的能力、家庭收支、住宅条件等因素综合确定，满足贫困群体食品、穿着、家居用品及日常生活方面的基本需要。2020 年日本最低生活保障费预算支出为 28699.4 亿日元，比 2019 年同期增长了 3.3%。日本政府给予最低生活保障制度强制优先支付权，据实结算救助津贴预算支出，75% 的社会救助支出由中央财政负担。最低生活保障基准根据受益人实际生活水平与保障最低生活需要的费用支出差额核定，并执行分级分类管理制度，动态调整。

自 2000 年 10 月起，韩国正式实施国民最低生活保障制度（NBLSS）。为消除制度盲点和贫困，2015 年 7 月，韩国对该制度补贴给付方式进行了调整，使基本生活保障、医疗、教育、住房等救助的给付分开运行。其中基本生活保障救助主要面向绝对贫困群体提供最基本的生活救助，而医疗、教育、住房等救助则是针对有需要的绝对贫困和相对贫困人群。截至2021年3月，韩国国民最低生活保障制度认定的收入标准为低于中等收入的75%。

从东亚生产型福利体制代表国家社会救助支出占GDP比重来看（见图3-7），日本、韩国的社会救助福利水平均低于OECD国家平均水平，但近十年来，日本、韩国的社会救助福利水平均表现出不断提高的发展趋势，与OECD国家平均水平不断靠近。其中，日本的社会救助福利水平增速高于韩国，2014年后与韩国拉开差距，表现出较快增长的发展特征，这主要与近年来东亚国家迅速崛起的经济发展水平有着密切关系。综上，东亚生产型福利体制代表国家的整体社会救助水平较低，但呈现出增长幅度较快的发展趋势，日本的增长速度快于韩国。

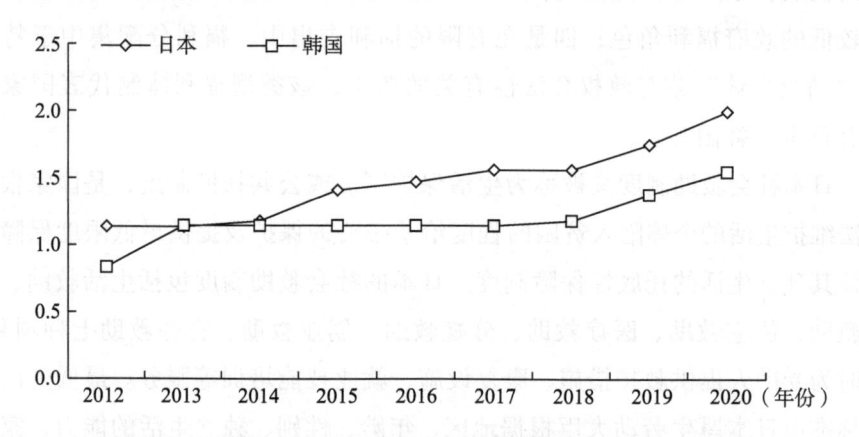

图3-7 东亚生产型福利体制代表国家社会救助水平发展趋势

资料来源：OECD数据库，https://www.oecd.org/。

第三节 我国与OECD国家社会救助水平的比较分析

根据前文所述，从宏观、中观、微观层面衡量社会救助水平的方法有很多，本书选择社会救助支出占GDP比重、社会救助支出占财政支出的比重以及最低生活保障收入占可支配收入中位数或人均可支配收入的百分比（最低生活保障收入替代率）三个指标用于我国与 OECD 国家的社会救助水平比较，理由如下：一是选取的三个指标涵盖了宏观、中观、微观三个层面，比较得出的结论具有一定的可信性；二是三个指标均采用百分比的形式，得到的结果是一个相对量而不是绝对量，能够消除各国物价水平、汇率等因素变动所带来的影响，便于不同国家或地区之间社会救助水平的比较分析；三是采用社会救助支出占 GDP 比重，该指标能够反映出一个国家或地区通过社会救助制度实现社会共享的份额大小，反映出整体的社会救助水平，这是目前学界广泛使用的方法。

一　统计口径界定

社会救助支出规模直接反映政府对底线公平的保障程度和对民生最低责任的履行情况，作为衡量国家福利水平的关键指标，发达国家历来重视社会支出。故采用社会救助支出相对指标来反映社会救助水平。通过上文分析，不管是我国与 OECD 国家还是 OECD 国家之间，社会救助项目或多或少都有所差异，我国社会救助体系主要包括基本生活保障（包括低保和特困）、专项救助、临时救助三大类外加社会力量救助，救助具有明显的城乡差异和区域差异；OECD 国家也主要包括基础部分，如收入维持（income maintenance）；额外补偿部分，如住房援助（housing assistance）；其他特殊的部分，如资源救助，主要以家庭结构为单位进行救助，救助形式主要包括现金救助和服务救助两种形式。由于世界各国社会救助项目都有所不同且存在统计口径的差异，但仔细分析，不管是我国还是 OECD 国家所设立的社会救助保障计划对社会救助基本属性达成共识，即旨在保障经济困难家庭能够享有基本生活保障这一基本内容，以转移支付方式提供定期且可预见的支持。《社会救助暂行办法》中明确规定"国家对共同生活的家庭成员人均收入低于当地最低生活标准，且符合当地最低生活保障家庭财产状况规定的家庭，给予最低生活保障"。OECD 国家社会救助根据不同的家庭规模结构执行不同的公共援助标准。故在此选取我国的社会救助支出、OECD 国家的家庭福利支出为比较指标，虽有不足，但仍具有一定的参考意义。

二 比较结果

基于OECD国家统计数据库和我国统计年鉴资料,可以观察到2013—2020年部分OECD成员国和我国的社会救助支出占GDP和财政支出的比重情况,具体见图3-8、图3-9。

如图3-8所示,OECD代表国家社会救助支出占GDP比重除了美国以外,占比均在1.1%以上。社会民主福利体制代表国家瑞典和丹麦占比平均在3.5%左右;挪威、英国、芬兰占比平均在3%左右,保守主义代表国家法国和德国占比平均在2%以上,自由主义代表国家加拿大、美国占比平均在1.6%、0.7%;东亚福利体制代表国家日本和韩国平均占比为1.5%、1.2%。近年来,加拿大、日本、韩国等国家社会救助支出占GDP比重呈现出缓慢增加趋势,但2020年加拿大的占比有所回落。英国的占比呈现出明显的下降趋势,从2013年的3.6%下降到2020年的2.3%,降幅36%。挪威也呈现出缓慢的下降趋势,其他国家则保持在一定的范围内上下波动。综上,可以看出

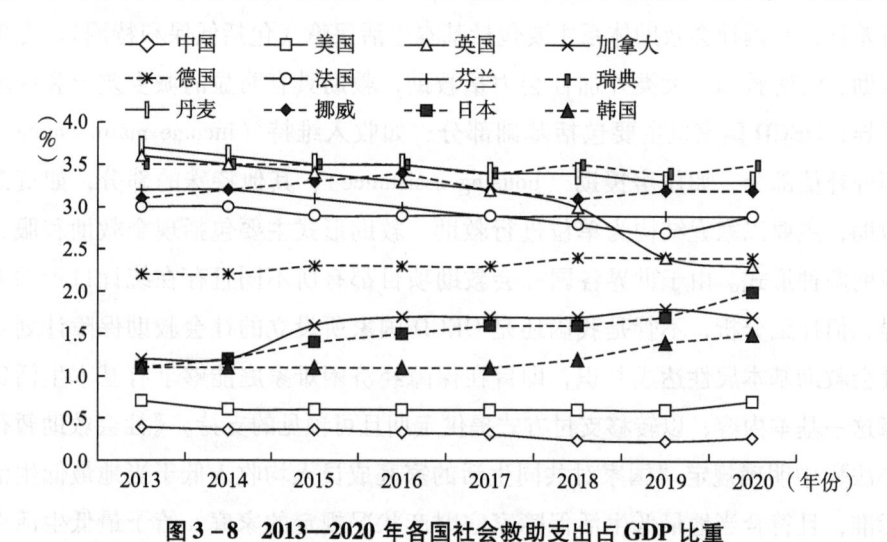

图3-8 2013—2020年各国社会救助支出占GDP比重

资料来源:① OECD国家数据库、《中国统计年鉴》、《中国民政统计年鉴》。

---

① 德国、芬兰、瑞典、丹麦、挪威五个国家2020年的社会救助支出比重是根据往年的增长变动情况估计所得。

社会民主福利体制国家社会救助整体水平较高，保守主义福利国家社会救助水平次之，自由主义福利体制国家与东亚生产型福利体制国家相当，较为靠后。我国社会救助支出占GDP比重均在0.3%左右，仅为美国的1/2，且2013—2019年有缓慢下降的趋势，从2013年的0.39%下降到2019年的0.23%，2020年有所回升，我国社会救助水平相较于OECD国家还有进一步提升的空间。

根据图3-9显示，2013—2020年英国社会救助支出占财政支出比重平均值为7.3%，是OECD国家中最高的，但与社会救助支出占GDP比重一样，在2018年出现大幅下滑，从2013年的8.4%下降到2020年的4.8%。其次是瑞典、丹麦、挪威等北欧国家，瑞典平均占比保持在7%左右，丹麦、挪威平均占比分别为6.7%、6.5%，可见，瑞典等北欧国家社会救助福利水平一直较为慷慨，人民生活幸福指数较高。除此之外，近年来，日本社会救助支出占财政支出比重持续增长，特别是2020年同比增长34.9%，相较于以往年份出现大幅增长。除美国等个别国家以外，OECD代表国家社会救助支出占财政支出比重平均在4%—7%。2013年，我国社会救助支出占财政支出比重与美国相当，经过多年发展，我国则从2013年的1.7%缓慢跌至2020年的0.96%，美国的占比则与我国拉开差距，高于我国。综上，我国社会救助支出占财政支出比重相对较低，社会救助水平偏低。

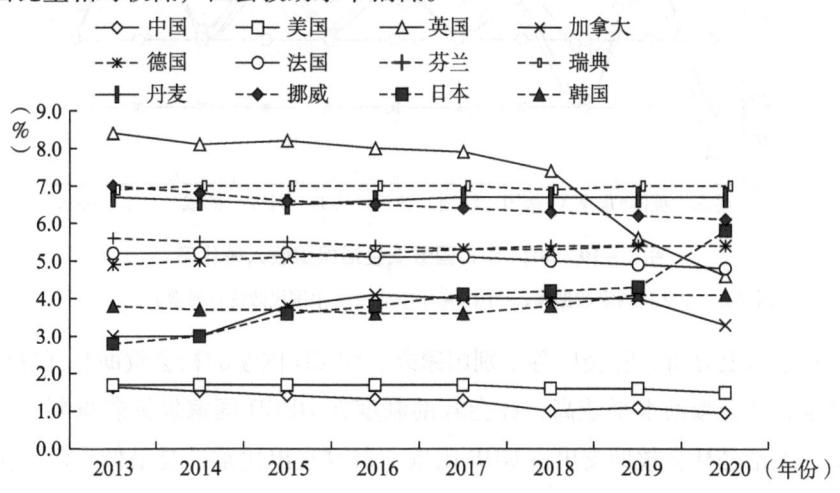

图3-9　2013—2020年各国社会救助支出占财政支出比重

数据来源：OECD国家数据库、《中国统计年鉴》、《中国民政统计年鉴》。

OECD 数据库将 OECD 国家最低保障收入申请者按照家庭情况分为没有孩子的失业者、有两个孩子的失业者、没有孩子的夫妻以及有两个孩子的夫妻四种类型，我国则按照城乡二元结构将最低生活保障分为城镇最低生活保障和农村最低生活保障。如图 3-10 所示，除美国和加拿大以外，其他国家最低生活保障收入替代率均在 30% 以上，日本的最低生活保障收入替代率高达 74%，英国和丹麦最低生活保障收入替代率超过 50%，通过 2022 年统计数据比较可知，我国城乡最低生活保障收入替代率水平相较于 OECD 国家最低生活保障收入替代率充分性明显不足，与发达国家的保障水平存在一定的差距。除美国外，我国最低生活保障收入替代率均低于英国、德国、丹麦等其他几个 OECD 代表国家，特别是城镇最低生活保障收入替代率差距较大。因此，在迈向共同富裕的进程中，城镇最低生活保障水平的提高将是社会救助改革的重要关注点。

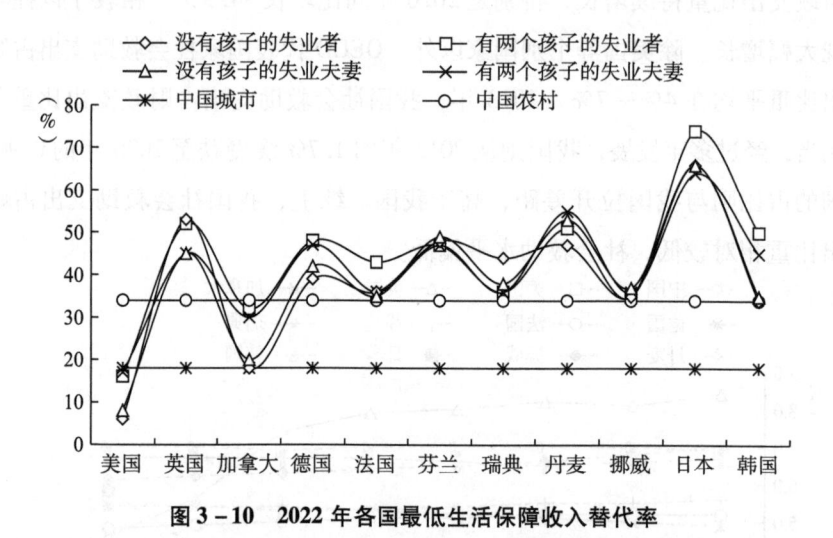

图 3-10 2022 年各国最低生活保障收入替代率

数据来源：OECD 国家数据库、《中国统计年鉴》、《中国民政统计年鉴》。

基于以上分析，除美国等个别国家外，OECD 国家的社会救助制度发展较为健全，社会救助水平较高，社会救助制度在 OECD 国家发挥着重要的调节作用，无论是社会救助支出占 GDP 比重、财政支出比重还是最低生活保障收入替代率都维持在较高标准，国民共享水平较高是其共性。OECD 国家社会救助水平总体上代表着当今世界高收入国家标准，可以为我国走向共同富裕提供重要参考，但现阶段我国较低的社会救助水平不利于构成共享发展底色，更不利于实现共同富裕的福利中国理想。需要指出的是，在肯定OECD国家社会救助对满足困难群众基本生活需求，让国民共享社会发展成果促进社会平等起着不可替代的重大作用的同时，也有一些国外的负面例子值得警惕。例如，英国社会救助支出占财政支出比重曾高达8.4%，造成巨大的财政赤字。深陷债务危机后，英国实行紧缩的财政政策，大幅消减福利开支，引发国民严重不满。可见国外社会救助发展实践在带来成功经验的同时，也有一些值得吸取的教训，因此我国在借鉴发达国家的经验做法提升社会救助水平的同时，应避免出现像英国那样社会救助水平超过财政负担，从而造成巨大的财政赤字现象，影响整个国民经济的健康发展。

第四章 我国社会救助水平宏观支出分析

我国社会救助在政府重视和经济发展的支持下取得了积极的成果,但资金支出规模的扩大仅能说明绝对规模的状况,不能准确地体现真实的变化规律。本章将选择2022年全国典型省级行政区的数据进行横向比较,并通过2011—2022年的全国数据,深入分析我国社会救助资金支出现状。

第一节 社会救助资金支出的规模分析

近年来,我国加大了各地财政在社会救助方面的资金投入力度,救助标准也随之增长,这让更多有资格的受救助对象的生活情况得以改善。社会救助制度不断完善,对各项社会救助的财力投入也是与日俱增,2016—2022年城乡低保对象、城乡特困人员总量在持续上涨,如图4-1所示。《民政事业发展统计公报》统计,全国民政事业费支出5090.4亿元,占当年国家财政支出的2.0%,其中,中央财政向各地转移支付的民政事业费1687.3亿元,占全年民政事业费支出的33.1%。①

健全分类分层的社会救助体系,是"十四五"时期民生保障领域的重要议题,党和政府不断加大民生保障力度,社会救助资金投入持续增加。2011—2022年,我国的社会救助开支规模不断扩大,2011年为1895亿元,2022年为2707.9亿元,支出规模在这11年中增加了812.9亿元,增长了42.89%,年均支出规模增加了3个百分点,这表明我国对城市和农村社会救助资金的投入在持续加大。伴随国家经济的持续发展,这一时期国内生产

---

① 参见《2022年民政事业发展统计公报》。

图 4-1 2017—2021 年城乡低保对象、城乡特困人员情况

注：《2021 年民政事业发展统计公报》，https://images3.mca.gov.cn/www2017/file/202208/2021mzsyfztjgb.pdf.。

总值和财政支出都有了较大的增长，但是，社会救助资金占财政支出比重和社会救助资金占 GDP 比重并没有明显增加，见表 4-1。其中，社会救助占比保持在 0.96%—1.73%，占当地生产总值的比重为 0.23%—0.39%。

表 4-1 2011—2022 年我国社会救助资金支出规模

年份	财政支出（亿元）	GDP（亿元）	社会救助资金（亿元）	社会救助资金占财政支出比重（%）	社会救助资金占GDP比重（%）
2011	109247.8	487940.1805	1895.0	1.73	0.39
2012	125952.9	538579.9535	2029.5	1.61	0.38
2013	140212.1	592963.2295	2306.1	1.64	0.39
2014	151785.6	643563.1045	2321.4	1.53	0.36
2015	175878.0	688858.2180	2495.9	1.42	0.36
2016	187755.0	746395.0595	2492.8	1.33	0.33
2017	203085.0	832035.9486	2609.8	1.29	0.31
2018	220904.1	919281.1291	2224.0	1.01	0.24
2019	238858.4	990865.1113	2281.4	0.96	0.23
2020	245679.0	1015986.2	2711.9	1.10	0.27

续表

年份	财政支出（亿元）	GDP（亿元）	社会救助资金（亿元）	社会救助资金占财政支出比重（%）	社会救助资金占GDP比重（%）
2021	245673.0	1149237.0	2549.4	1.03	0.22
2022	260552.1	1210207.2	2707.9	1.04	0.22

资料来源：《中国统计年鉴》《中国民政统计年鉴》。

基于此，如果只从数量上观察，社会救助支出尽管始终保持稳定增长的态势，但它在 GDP 与财政支出中所占的比例并不算高，且表现出了一定程度的缓慢下降趋势，这说明与其他的财政支出相比，对社会救助等民生财政资金投入力度较小，进而造成了它的支出占比下降。支出规模的下降在某种意义上不可避免地会对社会救助的资助范围、资助力度产生影响，进而影响到救助对象的生活质量。

第二节　社会救助资金支出的结构分析

伴随国家相关政策的持续推出，从开始实施试点，各类专项救助不断总结经验，长期摸索最后取得成效，如今已经在全国范围内正式实施。同时，社会救助的资金结构也得到了相应的优化，覆盖的救助对象越来越广泛，在一定程度上实现了应保尽保，这些人群涉及了年龄不等、是否有居所、跨地域等特征。目前，全国建立起了相对健全的资金支出结构，即以城市和农村居民的最低生活保障为中心，辅以其他援助项目，具体可见表 4–2。

依据图 4–2 所示可知，在 2011—2022 年，城乡低保在社会救助资金开支中所占比例都出现了不同程度的下降，但是仍然维持着在社会救助资金支出中所占据的 60% 的比例，这一比例在全国范围内仍然占据着绝对的优势。与此同时，2021—2022 年度的医疗救助资金支出占比增速虽然小幅度下滑，但是总体上还是稳中有升，从 2011 年占比 10.67% 上升到 2022 年的 18.95%。另外，农村五保供养人员救助资金规模在特困人员救助中始终占据主要部分，且在社会救助资金支出结构中仅次于城乡居民最低生活保障

表 4-2 2011—2022 年社会救助资金支出结构

单位：亿元

年份	资金类别							
	社会救助资金总额①	城乡最低生活保障	医疗救助	其他社会救助	农村五保供养	城市特困救助②	临时救助③	自然灾害救助④
2011	**1766.3**	**1327.6**	**216.3**	**222.4**	121.7	1.3	8.7	128.7
2012	**1866.1**	**1392.3**	**230.6**	**243.2**	145.0	4.8	34.3	163.4
2013	**2172.4**	**1623.6**	**257.4**	**291.4**	172.3	4.2	47.3	178.7
2014	**2197.5**	**1592.0**	**284.0**	**321.5**	189.8	5.2	57.6	124.4
2015	**2347.4**	**1650.8**	**303.7**	**392.9**	209.9	5.0	65.7	148.5
2016	**2492.8**	**1702.4**	**332.3**	**458.0**	228.9	8.4	87.7	156.1
2017	**2609.8**	**1692.3**	**376.2**	**98.1**	269.3	21.2	107.7（152.7）	128.0
2018	**2224.0**	**1632.1**	**424.6**	**90.9**	306.9	29.5	130.6（164.9）	—
2019	**2281.4**	**1646.7**	**502.2**	**79.9**	346.0	37.9	141.2（171.9）	—
2020	**2711.9**	**1963.6**	**546.8**	**84.4**	424.0	44.6	165.7（195.3）	—
2021	**2549.4**	**1833.1**	**619.9**	**72.6**	429.0	49.7	138.4（164.7）	—
2022	**2707.9**	**1946.9**	**626**	**77.1**	477.1	55.9	120.0（150.6）	—

资料来源：2012—2021 年《中国民政统计年鉴》、2018—2020 年《全国医疗保障事业发展公报》，空白为未查到相关的数据。

① 因为每一阶段的《中国民政统计年鉴》的统计口径不一致，故本表特地"加粗"来表示社会救助资金总额的加总内容。

② 2014 年《社会救助暂行办法》将城镇"三无"与农村五保人员纳入了特困人员供养的范围。在 2016 年之后城市"三无"人员正式纳入城市特困，故本节在社会救助资金支出结构分析中，2011—2014 年统计农村五保人员供养救助资金和城市三无人员救助资金；2015—2022 年统计为农村特困人员救助资金和城市特困人员救助资金。

③ 为保证统计口径的一致性，标注为"狭义上的临时救助（广义上的临时救助）"，其中广义上的临时救助包括了流浪乞讨人员救助，包含在了社会救助资金总额里。

④ 2018 年民政机构改革，医疗救助、救灾等职能从民政部门转出，故 2018 年之后的医疗救助数据来自《全国医疗保障事业发展公报》；而《自然灾害救助条例》规定实行各级人民政府行政领导负责制，《关于印发应急救援领域中央与地方财政事权和支出责任划分改革方案的通知》规定各省市自然灾害救助资金为地方财政事权，故本表并未记录 2018—2022 年自然灾害救助资金。

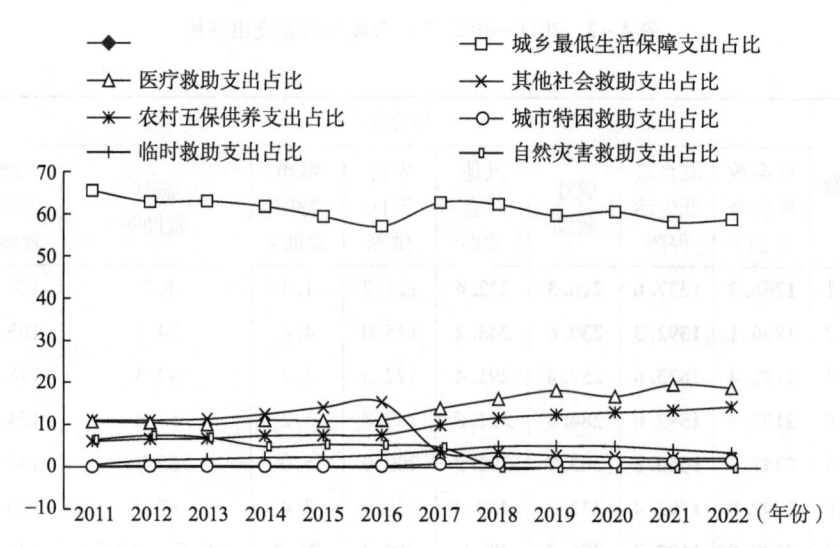

图 4-2　2011—2022 年我国社会救助资金支出各项目比重变动趋势

和医疗救助项目，2022 年占到了 14.44%；城市特困救助则始终占据较小的比重，2022 年占比 1.69%。临时救助支出逐年递增，2022 年达到 3.63%，这意味着相比社会救助中的其他救助项目，临时救助作为一项必不可少的固定支出项目，在应对因事故、疾病或其他不可抗拒因素造成的消极影响，确保救助对象正常生活方面发挥着重要作用。而其他救助和自然灾害救助支出总体上表现为"V"字形低水平起伏，且随支出需求的变动而变动。总体而言，与以前相比，我国的社会救助资金支出规模呈增长趋势，占比较低的救助项目也在均衡发展，救助更加注重多层次、多元化统筹发力。

（一）城乡最低生活保障

1. 城市最低生活保障

到目前为止，我国城市居民最低生活保障制度已经广泛覆盖，且低保工作取得了巨大成就。城市低保对象占总人口的 3%（见图 4-3），基本实现"应保尽保"。同时，城市居民最低生活保障的运作和组织架构比较健全，对城市中的低收入群体起到了基础的保障作用。

2020 年我国消除绝对贫困任务完成以后，贫困现象主要表现为相对贫困。当前的城市最低生活保障体系对新生成的贫困人员要进行及时救助，而对已

%
3.5
3.0
2.5
2.0
1.5
1.0
0.5

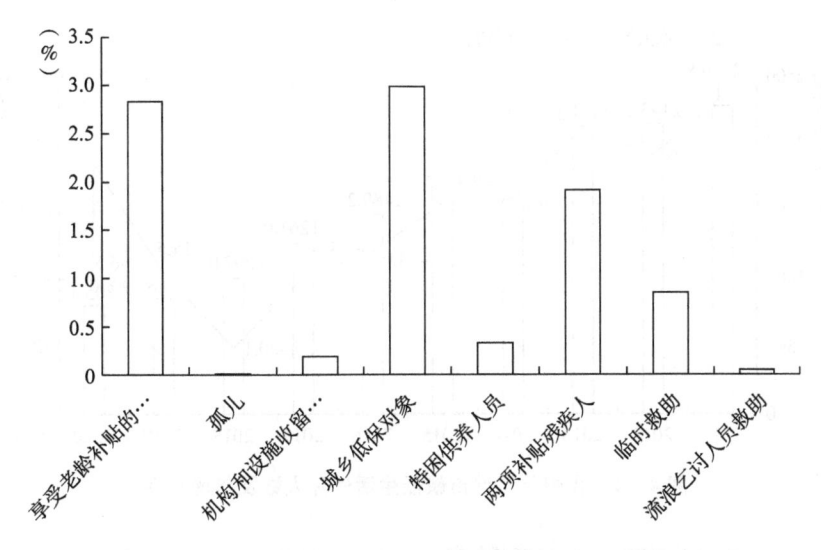

享受老龄补贴的… 孤儿 机构和设施收留… 城乡低保对象 特困供养人员 两项补贴残疾人 临时救助 流浪乞讨人员救助

图4-3 我国2021年民政对象占全国人口比重

数据来源：2022年《中国民政统计年鉴》。

经有基本生活来源的人员，其保障资格要进行动态调整。因此，城市最低生活保障人数呈现逐年减少的趋势，截至2021年年底，人数降到805.1万人（见图4-4）。国家和各级政府为城市的低收入家庭提供了537.3亿元的补助，较上年同期增加了3.4%。城市低保资金的稳步增加，扩大了城市最低生活保障群体的覆盖面，低保人群的人均保障水平也随之提高，全国城市低保平均标准为677.6元/人·月，年增长率为8.6%，如图4-5所示。其中，河南省城镇低保标准变动最大，较上年增长了27.2%；其次是湖南省与广西壮族自治区，分别为13.8%和13.3%；海南省与上年救助标准一致，其他省份则变动不大，多在10%上下波动（见图4-6）。

2. 农村最低生活保障

目前，我国农村最低生活保障制度已经相当完善，2020年全国共有1985万户、3620.8万名农村居民享受到了农村最低生活保障，且随着脱贫攻坚的不断深入，保障人口同比增长稳步下降至增长率为4.8%（见图4-7）。2020年农村低保建设中央及地方财政共支出1426.3亿元，较上年同期增加了26.5%。同时，既扩大了人口保障范围，受益对象的人均最低生活标准也得到提高，达5962.3元/人·年，同比增长11.7%（见图4-8）。各省份与城镇低保增长变动

图 4-4 我国历年城市最低生活保障人数及年增长率

图 4-5 我国历年城市最低生活保障平均标准及年增长率

特征基本一致，如山东省农村低保标准变动最大，较上年增长了31.5%；其次是广西壮族自治区、四川省和宁夏回族自治区，分别为19.1%、16.5%和15.3%；海南省救助标准并未变化，其他省份则在5%—10%波动（见图4-9）。

（二）农村五保户和城市特困人员的社会救助

1. 农村五保户

农村五保具有社会救助与乡村整体福利的双重性质，是救助体系的一个特殊而重要的组成部分。它是对乡村居民中无劳动能力、无生活来源、无法定赡养和抚养义务人等的人员实施的确保其衣食住行教育等基本生活

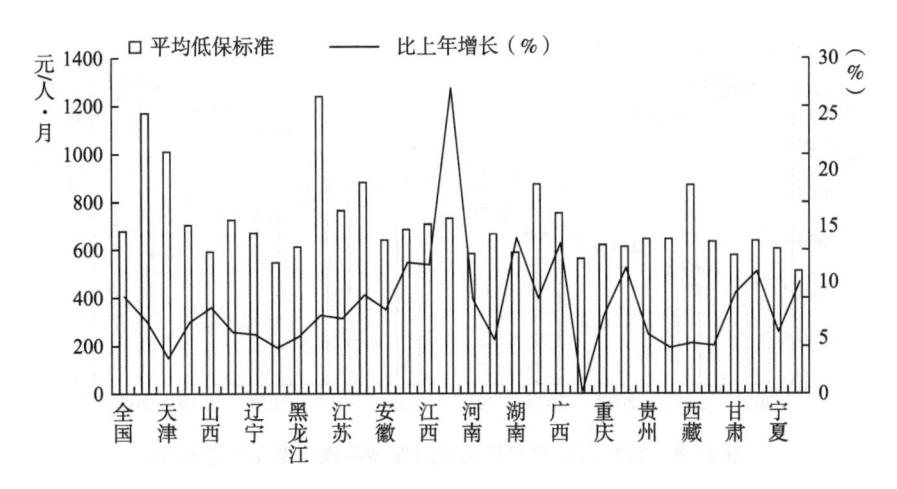

图 4-6 我国 2020 年各省市城市低保平均标准与增长率

资料来源:《中国民政统计年鉴 2021》。

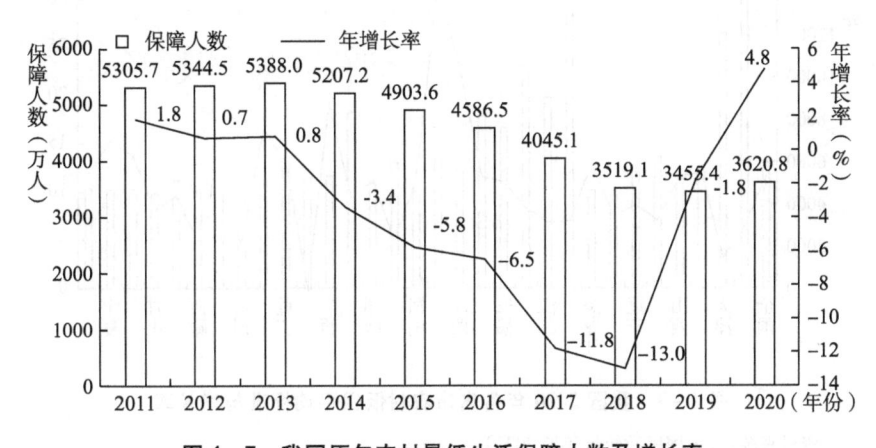

图 4-7 我国历年农村最低生活保障人数及增长率

需要的救济制度。截至 2020 年，农村特困人员 4462527 人，资金支出 424 亿元，较上年增加了 78 亿元，共有 17152 家特困人员供养机构。在受保障的人口中，集中和分散供养的人数分别为 73.9 万人和 372.4 万人。相较于城乡低保人数基数庞大，农村特困人员 2011—2020 年总数逐年下降，说明我国近十年来的生活条件越来越好，社会极端贫困现象减少（见表 4-3）。

如图 4-9 所示，除上海、天津、海南、青海和宁夏 5 个省（市、区）外，其余省份农村特困人员集中供养人数皆在 1 万人以上；除北京、上海、西

图4-8 我国历年农村最低生活保障平均标准及年增长率

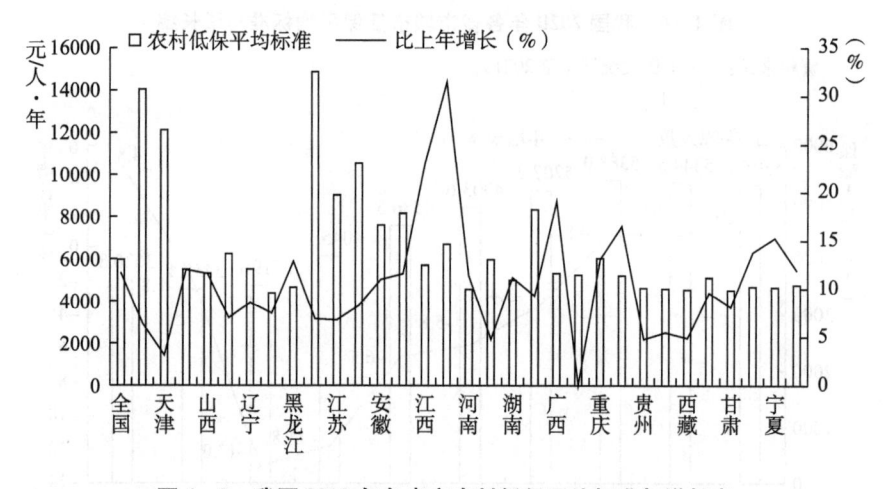

图4-9 我国2020年各省市农村低保平均标准与增长率

资料来源：《中国民政统计年鉴2021》。

藏、宁夏和新疆5个省（市、区）外，其余省份农村特困人员分散供养人数都多于1万人，由此可知，全国农村特困人员数量仍不在少数，需要国家财政资金补助，以保障特困人员的最低生活水平。

2. 城市特困救助

城市"三无"包括无生活能力、无劳动能力、无法定赡养人和扶养人的老弱病残人员。该群体的主要特点是缺乏收入，无法负担医药费。为了有效地保障这些特殊群体的生存需要，国家将2016年以后城镇"三无"特殊群体

表 4-3 2011—2022 年我国城乡低保人数及农村特困人员供养人数

单位：万人

年份	城市居民最低生活保障人数	农村居民最低生活保障人数	农村特困人员集中供养人数	农村特困人员分散供养人数
2011	2276.8	5305.7	184.5	366.5
2012	2143.5	5344.5	185.3	360.3
2013	2064.0	5388.0	183.5	353.8
2014	1877.0	5207.0	174.3	354.8
2015	1701.1	4903.6	162.3	354.4
2016	1480.2	4586.5	139.7	357.2
2017	1261.0	4045.2	99.6	367.2
2018	1007.0	3519.1	86.2	368.8
2019	860.9	3455.4	75.0	364.1
2020	805.1	3620.8	73.9	372.4
2021	737.8	3474.5	69.2	368.1
2022	682.4	3349.6	66.7	366.8

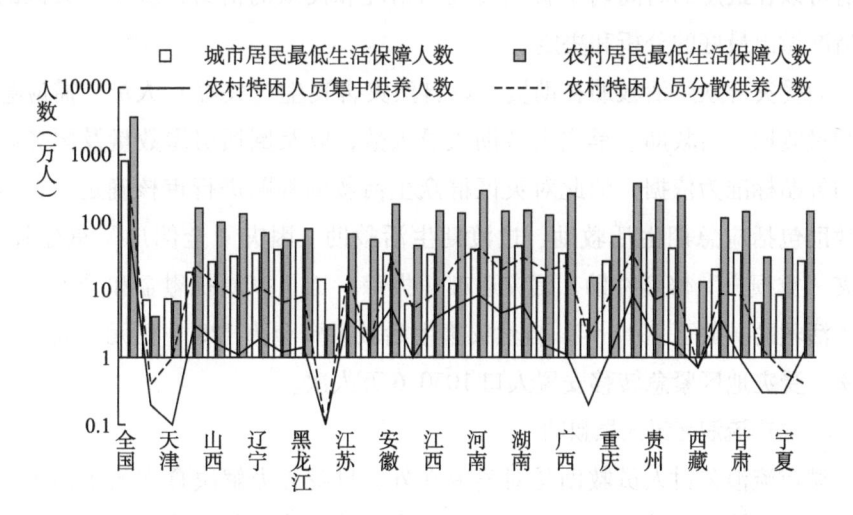

图 4-10 2020 年各省份城乡居民最低生活保障人数和农村特困人员供养人数

资料来源：《中国统计年鉴 2021》。

全部列入特困对象,使其能够得到完全的救助。与此同时,许多地方的医疗卫生救助体系也把城镇"三无"人员纳入其中。截至2021年年底,我国有32.8万名城镇贫困人口,比上年增加了5.1%。

(三) 灾害和城市生活无着落的流浪乞讨人员的临时性社会救助

1. 自然灾害生活救助

我国幅员辽阔,人民不时遭受自然灾害的侵袭。相比于庞大的经济损失,自然灾害救助资金能够起到的救助效果微乎其微。同时,政府在面临突发和不可预测的重大灾难时,往往要在较短的时间内进行大规模的救灾,而这种灾难救援的费用都是国家的财力来承担的,因此,对国家的财力造成了很大的压力。我国每年受灾人群数量庞大(见图4-11),受灾范围广,为了提高自然灾害政府救助支出的使用效益,2020年财政部印发的《中央自然灾害救灾资金管理暂行办法》中明确指出:"救灾资金由财政部会同应急管理部管理。财政部负责救灾资金预算管理,依法下达预算。应急管理部提出预算管理及救灾资金分配建议,指导救灾资金使用,开展全过程绩效管理,督促指导地方做好资金使用管理等相关工作。"作为救援工作的"第一战线",当地政府可以在最短的时间内了解到灾区的情况和民众的情绪,从而对灾区的整体情况做出最好的分析和决定。

而受灾群众生活救助补助资金以自然灾害丧生(失踪)人员、需应急救助和过渡期生活救助、旱灾需救助人员人数,以及倒损房屋数量及国务院核准的补贴标准为依据,依此对灾区群众生活救助补贴进行审核确定。自然灾害救助包括应急期生活救助、过渡期生活救助、因灾"全倒户"重建补助、因灾"重损户"修缮补助、因灾遇难(失踪)人员家属抚慰金和受灾人员冬春生活救助。截至2017年,自然灾害生活救助资金为128.0亿元,同比下降18%,受灾地区紧急转移安置人口1050.6万人次。

2. 城市流浪乞讨人员救助

城市流浪乞讨人员救助是对离家在外、自身无力解决食宿的生活无着落人员提供救济和帮助的制度。截至2020年年底,全国针对流浪人员的救助单位共1807个,其中救助管理站和未成年救助保护机构分别为1555个和252个(见图4-12),床位94102张,全年受助流浪乞讨人员人数为840816人次,包含未成年人 31268 人次。

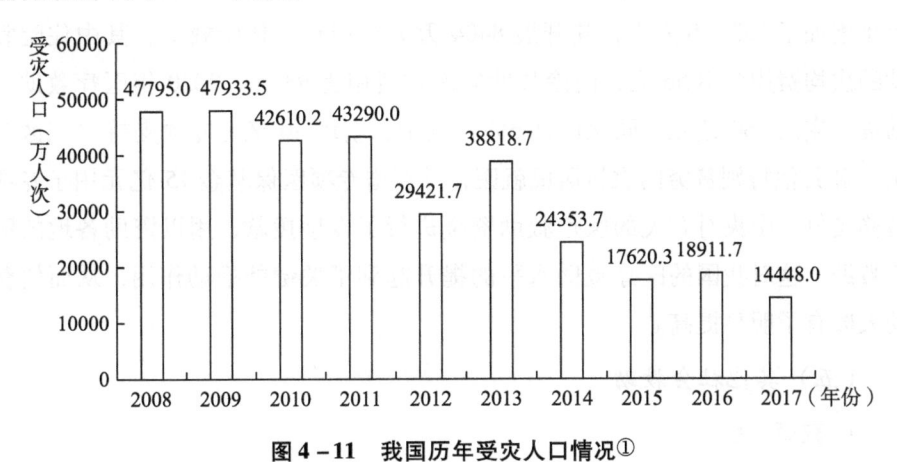

图 4-11 我国历年受灾人口情况①

资料来源：《中国民政统计年鉴 2018》。

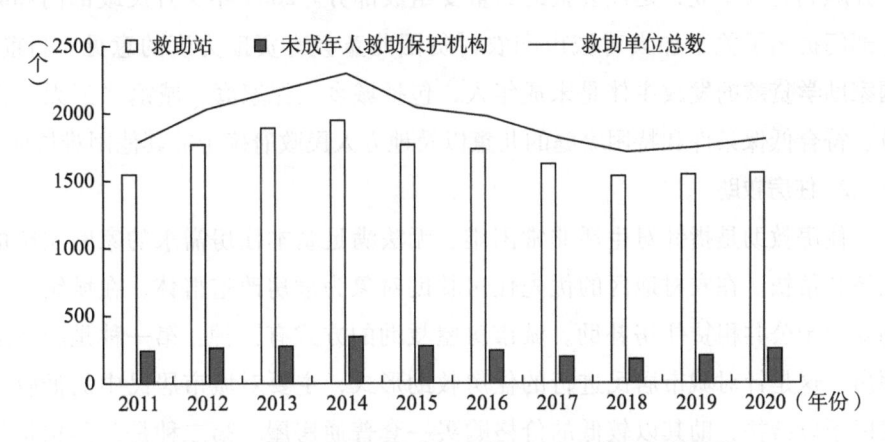

图 4-12 2011—2020 年城市流浪乞讨人员救助机构数量

资料来源：《中国民政统计年鉴 2021》。

（四）医疗救助

医疗救助是医疗保障体系的重要组成部分，在助力脱贫攻坚、防止因病致贫、因病返贫等方面起到了非常关键的影响。2020 年，国家医疗救助资金

---

① 注：由于 2018 年民政部门改革，救灾等职能移出民政部门，故 2018 年之后的救灾情况并未找到相关数据。

支出546.84亿元,与上年同期相比增加了8.89%;参保人员9984万人,比上年增加了2934万人次;共开展8404万人次门诊、住院救助,其中住院救助的次均费用为1056元,门诊救助的次均费用为93元。2020年医疗救助补助资金支出260亿元,同比增加6%,其中,新增40亿元专项支持"三区三州"和其他特别贫穷的农村居民就医,并新增专项医保基金15亿元用于专项转移支付。中央对有关的医疗救助资金进行了专项拨款,用以资助各地的医疗救助,这对我国的医疗救助水平的提升起到了关键的推动作用,从而使获助人数有了明显提高。

(五) 其他社会救助

1. 教育救助

帮助城市和农村地区未满18周岁的特殊困难群体,确保他们能够就读学校并顺利完成学业,是社会救助的重要组成部分。2004年9月民政部门和教育部门提出了关于加大对城市和农村贫困儿童教育资助力度的意见。目前,国家助学贷款的发放主体是未成年人,包括城乡五保家庭、城镇"三无"人员、符合低保条件和特困家庭的儿童以及地方人民政府确定的其他困难群体。

2. 住房救助

住房救助是指针对生活非常困难、无法满足基本住房需求的家庭实施的救济和帮扶。在农村地区的优先住房救助对象为危房改造群体,在城镇地区则要给予公共租赁住房补助。城市房屋救助的方式有三种:第一种是经济适用房。这是针对城市居民进行的住房救助形式,主要对城市居民中的低收入居民予以帮扶,助其以较低的价格购买一套普通房屋。第二种是公共租赁住房。公共租赁住房面向符合规定条件的城镇中等偏下收入住房困难家庭、新就业无房职工和在城镇稳定就业的外来务工人员出租的保障性住房。第三种是住房租赁补贴。在公共和廉租的保障范围内,当房屋短缺之时,为了保障救助对象能租房居住,会采取补充保障房的房屋租金和市场房的房租差价的方式。随着我国城镇化水平不断提升,越来越多的低收入群体面临陷入住房困难的境地,而对于那些生活在乡村地区的贫困人群来说,他们的生活环境很糟糕,且因为经济收入比较低,所以无法承担过高的改造建房费用,只能一直生活在危房之中。但是直到现在,廉租住房的发展速度慢,而且与廉租住房相比，一般的商品房的经济价值要高得多，因此，无论是开发商还是银行都不愿意参与其中，这在一定程度上影响了廉租住房的供给。

3. 就业救助

就业救助的目标是优先向社会援助受益人提供公共劳动力市场服务，并根据规定实施税收优惠、信贷贴息和公益性工作福利等政策，以确保无工作家庭实现动态"清零"。对于已经参加工作的低保人员，在计算家庭收入时扣除必要的就业费用，一旦其家庭成员的人均收入超过当地低保标准，则给予一定的阶段性"退休期"。就业救助依托于最低生活保障对象身份，而低保身份福利的叠加抑制了他们就业的动力，加之就业救助政策存在可操作性弱、救助对象普遍固化、劳动力市场的排斥等困境，目前就业救助政策的制定忽略了对救助流程的具体规定，在明晰的细则方面造成了基层落实中的一系列实际困难。

第三节 社会救助资金支出的水平分析

社会救助资金支出以社会救助资金水平来定量分析，社会救助支出水平是指一名社会人员可以享有的社会救助的经济福利的高低，通常可以通过人均的社会救助开支，或者说前者与 GDP 的比率来体现，它是一项度量一个区域社会救助运作状况的指标。本节以人均救助支出额作为绝对救助水平的指标，2011—2020 年的社会救助资金支出水平如图 4-13 所示。

社会救助属于一种专用于救助线之下贫困人群的补偿性福利，它可以有效地提升贫困人口的生活质量，因此应该采取正向的托底措施，它的救助标准应根据不同的经济发展阶段进行调整。但是，它的范围不一定要更大，一定要与当前的经济发展水平相匹配，不然的话，就会削弱它与经济发展的正面联系，甚至成为一种逆向联系。由图 4-13 可知，国内生产总值持续上升，在不断增长的同时，社会救助资金支出水平也逐年提高，从 2011 年的 86.7 元/人到 2020 年的 423.7 元/人，实现了极大的增长，其中 2018 年出现了剧增。对一个区域的社会救助水平的评价，不能仅从其增长率来看，因为增长率的大小并不能充分体现出社会救助支出的合理性，还需要通过与经济发展的对比来

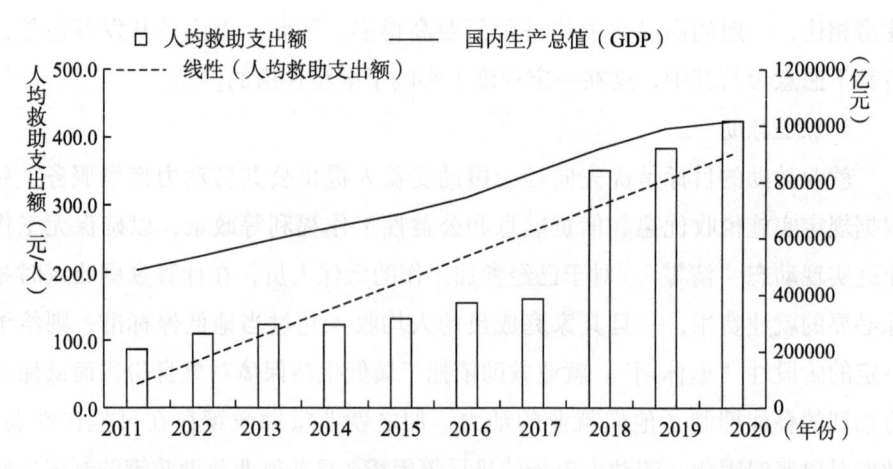

图 4-13　2011—2020 年社会救助资金支出水平与国内生产总值

资料来源：根据 2012—2021 年《民政统计年鉴》整理所得。

对其进行综合评价。一方面，若社会救助支出过高，则容易造成受助者对救济的利益依赖性，进而造成有工作能力者主动退出就业岗位；另一方面，又会造成弱势群体无法得到适当的救济。而社会救助资金水平的增幅始终高于国内生产总值的增幅，一定程度上说明国家对社会救助资金支出的扶持力度不断加强，同时也与经济增长同步提升社会救助力度。参考发达国家和转型国家人均救助水平并结合我国作为发展中国家的现实国情和财政承受力，逐步将人均救助支出水平提高到社会平均收入的 25%—30% 应是比较适宜的选择。

第五章 我国社会救助水平微观测算

社会救助水平的合理与否，直接影响着救助对象的识别与社会救助制度的有效性。最低生活保障是社会救助体系最核心的制度内容，作为再分配制度的一种，最低生活保障制度可以在横向上调节收入分配，避免收入差距过大，合理的低保水平可以提高困难群体的收入，从而刺激消费。低保标准作为核定救助资格、确定救助水平、安排救助资金的重要依据，其高低决定着制度的保障效果，对救助率和反贫困效果具有重要影响。通过前几章节的分析可知，最低生活保障支出占比社会救助资金支出最大，最低生活保障的标准在一定程度上决定了城乡困难群众的基本生活水平，世界银行在评估报告中也将最低生活保障作为中国社会安全网的主要构成。基于此，本章将以最低生活保障标准来间接反映社会救助水平的高低。合理确定城乡居民最低生活保障标准是一个复杂的过程，本章将选用扩展线性支出系统模型对党的十九大以来的最低生活保障水平进行测算，并将测算结果与实际值进行对比，以此对我国社会救助水平进行运行分析。

第一节 社会救助水平测算方法的选取

一 社会救助水平常用的测算方法

确定困难人群"基本需要"是测算社会救助保障水平的关键，目前对社会救助基本需要水平进行测算的方法有很多，如市场菜篮子法、恩格尔系数法、消费支出比例法、国际贫困标准法、剥夺指标法、马丁法、数学模型法等。不同的测算方法的理论基础、测算依据和可操作性存在差异，且各有优劣。

目前学界主流且认同度较高的主要有马丁法和数学模型法。ELES 模型是分析居民基本生活支出的一种需求函数系统，以反映人们的需求量。ELES 模型对最低生活保障水平的测算不仅限于温饱线，相比于其他方法也更贴合低保对象生命周期内需求的发展趋势，因此被广泛应用于低保标准、养老保险保障水平的测算。已有研究表明，ELES 模型更具客观性、科学性以及具有较高的层次性，方法兼具定量与定性结合的特点，更适合于社会救助水平的测算。

社会救助最直接的目的是满足居民最基本的生活需求，虽然人们的收入水平以及对某项商品的消费需求不同，但非基本需求支出是在基本生活需求得到满足的基础上才能进行。因此通过比较不同测算方法，为保证测算的结果更为客观、更具说服力以及更能满足困难对象的需求，充分体现"共享发展"理念、发挥社会救助兜底保障作用，本章将采用数学模型法，通过扩展线性支出系统模型对最低生活保障水平进行测算。采用该模型进行测算的主要原因在于：第一，以统计资料为基础，数据易获取且准确。该模型涉及的数据均可从政府公布的官方统计数据中获取，具有客观性与准确性，且获取的成本低，计算较为简便，具有可操作性。第二，《关于改革完善社会救助制度的意见》中指出，综合考虑居民人均消费支出或人均可支配收入等因素，结合财力状况合理制定基本生活标准并建立动态调整机制。综合考虑绝对贫困和相对贫困两种状态后，发现该方法在满足绝对贫困中保障基本生存需求的基础上又能发展相关项目来满足困难群体的其他生活需求。第三，扩展线性支出系统模型法是一种利用扩展线性支出系统模型测算城乡居民基本生活需要的科学方法，该模型对消费支出进行假设，将其分为基本消费支出和基本消费之外的支出两部分，可以在不考虑各类消费品或服务价格的前提下，依据人均可支配收入和消费支出的线性关系测出城乡基本生活标准，且具有随着经济发展动态调整的功能，有利于社会救助制度的可持续发展。

二 社会救助水平的测算

（一）扩展线性支出系统模型构建

扩展线性支出系统模型（ELES 模型）是一个基于计量经济学原理，用定量方法研究居民消费的需求函数模型，由经济学家 C. Lluch 于 20 世纪 70 年代在 Stone R 的线性支出系统模型（Linear Expenditure System）基础上改进得来。该模型假定社会居民对各种商品（服务）的需求取决于他们的收入，并且将社会居民对各种商品及服务的需求分为基本需求和非基本需求两个部分，基本需求与收入无关，只有在基本需求满足后才会将剩余的收入按照某种边际消费倾向分配至其他各种非基本需求的消费项目支出中。社会救助最直接的目的是满足人们最基本的生活需求，尽管居民的收入水平以及对于各类商品的需求量不同，但维持最低生活标准的基本需求是相同的，且非基本需求支出是在基本生活需求得到满足的基础上进行的。ELES 模型通过以支出衡量居民的基本需求量，即只需要按收入水平分组的消费性支出以及人均可支配收入数据就能对人们维持基本生活需求所需的货币进行测算。ELES 模型的基本表达式为：

$$K_i = P_i \cdot Q_i + \beta_i \cdot (T - \sum_{i=1}^{n} P_i \cdot Q_i) \tag{1}$$

式中，假设满足人们基本生活需求的物品有 n 项，K_i 表示人们对第 i 种商品的全部消费支出；P_i 表示第 i 种商品的价格；Q_i 为人们对第 i 种商品的总需求量；$P_i \cdot Q_i$ 表示人们对第 i 种商品的一般需求消费总额；β_i 为人们对第 i 种商品的边际消费倾向，其经济意义解释为消费者在可支配收入中还将用多少收入去购买该种商品；T 为人均可支配收入。

将式（1）变形可得到：

$$K_i = P_i \cdot Q_i - \beta_i \cdot \sum_{i=1}^{n} P_i \cdot Q_i + \beta_i \cdot T \tag{2}$$

$$令 \alpha_i = P_i \cdot Q_i - \beta_i \cdot \sum_{i=1}^{n} P_i \cdot Q_i \tag{3}$$

将式（3）代入式（2）可得：$K_i = \alpha_i + \beta_i \cdot T + \varepsilon_i$（$\varepsilon_i$ 代表误差项），即居民人均可支配收入额（T）与人们对第 i 种商品的全部消费额（K_i）之间的线性模型。对式（3）等号两边求和，推出城乡居民的基本生活需求水平 AL 为：

$$AL = \sum_{i=1}^{n} P_i \cdot Q_i = \sum_{i=1}^{n} \alpha_i / (1 - \sum_{i=1}^{n} \beta_i) \tag{4}$$

在获得 K_i 和 T 数据资料的基础上，通过回归模型，利用最小二乘法估计出参数 α_i、β_i 的值，将其代入式（4）可测算出城乡居民基本生活需求水平 AL 的值，以此作为救助水平。

1. 指标选取

ELES 模型是由各类消费与收入组成的函数，选取的指标主要分为收入和支出两类经济指标。根据《中国统计年鉴》，选取的主要指标包括居民人均可支配收入和人均消费支出，分别将城镇和农村居民的消费支出与人均可支配收入作为测定指标，从而对参数进行估计。以往的相关研究当中，通常使用的是按居民收入水平不同将人均可支配收入从低到高划分为低收入家庭（20%）、中低收入家庭（20%）、中等收入家庭（20%）、中高收入家庭（20%）以及高收入家庭（20%）五个等级的各类人均消费性支出构成的数据进行计算，但近年来国家统计年鉴不再提供按收入五等分的消费性支出数据，因此选取统计年鉴中各省份的支出与收入数据来构建模型指标。《中国统计年鉴》中将各省消费支出划分为八大类别，包括食品烟酒、衣着、居住、生活用品及服务、交通通信、教育文化娱乐、医疗保健以及其他用品及服务。与通常采用收入五等分构建的数据相比，全国 31 省消费性支出数据量更多，估算出来的消费支出函数更具有参考意义。

2. 数据来源与处理

本章对我国 31 省市区社会救助水平进行测算与研究，所需的消费性支出和人均可支配收入数据均可通过《中国统计年鉴》或各省市区统计年鉴中获取。鉴于目前我国社会救助除了北京、上海等发达地区实现最低生活保障城乡统筹以外，70% 以上的地区还未完全实现城乡统筹，因此，本章仍然从城乡两个角度分别进行社会救助水平测算。首先对党的十九大以来我国城乡居民人均可支配收入与消费支出数据进行整理，在此分别列举了城镇与农村 2022 年收入与支出的截面数据（见表 5–1、表 5–2），其他年份整理的数据由于篇幅原因不再呈现。得到以年为单位的截面数据后分别测算出我国城镇和农村居民整体的基本生活需求水平，也即社会救助水平。

第五章 我国社会救助水平微观测算

表 5-1　2022 年全国 31 省市区城镇收入与支出数据

单位：元

省份	人均可支配收入	人均消费支出	食品烟酒	衣着	居住	生活用品及服务	交通通信	教育文化娱乐	医疗保健	其他用品及服务
全国	49282.9	30390.8	8958.3	1735.2	7643.5	1800.5	3908.8	3050.2	2480.7	813.7
北京	84023.1	45616.9	9644.5	1977.4	18604.8	2322.5	4260.5	3271.5	4304.0	1231.7
天津	53003.2	33823.6	9873.9	1759.8	8175.4	1926.8	4164.4	2839.9	3811.6	1271.7
河北	41277.7	25071.3	7104.4	1641.0	6374.3	1625.1	3139.2	2211.9	2338.8	636.6
山西	39532.0	21922.6	6006.8	1555.2	4943.1	1354.8	2647.1	2371.3	2442.2	602.0
内蒙古	46295.4	26666.8	7208.4	2003.6	6008.1	1561.3	4233.5	2534.4	2340.7	777.0
辽宁	44002.6	26652.2	8426.5	1781.2	5677.4	1539.0	3188.5	2712.3	2466.4	861.0
吉林	35470.9	21834.9	6406.0	1497.5	4829.3	1139.5	2776.8	2238.2	2377.5	570.1
黑龙江	35042.1	24011.0	7240.6	1636.1	5099.6	1167.2	2884.7	2490.5	2798.9	693.4
上海	84034.0	48110.5	12880.3	1763.5	18298.7	2211.8	4611.9	3313.7	3719.3	1311.5
江苏	60178.1	37795.7	9967.6	2022.4	10983.4	2198.0	5281.1	3284.1	2839.1	1220.0
浙江	71267.9	44511.2	12105.6	2465.5	11890.1	2685.2	6791.1	4237.7	2864.5	1471.4
安徽	45133.2	26832.4	8924.9	1762.3	6078.8	1631.1	2910.0	2877.8	1933.6	713.9
福建	53817.1	35692.1	11144.8	1768.6	10679.1	1913.5	3949.1	3375.7	2064.3	797.0
江西	43696.5	25975.5	8102.1	1440.9	5828.0	1580.6	3319.3	2909.2	2185.7	609.7
山东	49049.7	28555.2	7702.8	1987.6	6354.6	2220.9	3966.8	3332.4	2339.6	650.3

续表

省份	人均可支配收入	人均消费支出	食品烟酒	衣着	居住	生活用品及服务	交通通信	教育文化娱乐	医疗保健	其他用品及服务
河南	38483.7	23539.3	6681.0	1637.2	5357.1	1509.8	2916.8	2597.8	2220.1	619.6
湖北	42625.8	29120.9	8783.6	1771.1	6586.0	1628.2	3834.7	3265.3	2538.4	713.6
湖南	47301.2	29580.1	8443.5	1894.6	6031.6	1924.5	4069.3	4006.0	2562.0	648.6
广东	56905.3	36936.2	12129.8	1381.4	9925.7	1905.8	4888.5	3747.8	2019.2	937.8
广西	39703.0	22438.1	7172.3	905.3	4760.4	1250.4	3032.7	2791.1	2097.0	428.8
海南	40117.5	26417.6	9656.8	914.4	6663.7	1145.8	3375.1	2564.0	1615.0	482.8
重庆	45508.9	30573.9	10100.9	2190.6	5841.8	2030.3	3745.2	3139.9	2697.9	827.2
四川	43233.3	27637.3	9358.5	1764.5	5557.5	1806.4	3467.2	2638.5	2343.1	701.6
贵州	41085.7	24229.9	7572.5	1673.4	4352.1	1513.8	3786.1	2906.1	1876.2	549.8
云南	42167.9	26239.7	8090.5	1469.2	6029.0	1478.3	3258.3	2699.7	2610.2	604.7
西藏	48752.9	28265.4	9109.2	2663.5	6171.5	2164.2	4614.0	1411.8	1342.0	789.2
陕西	42431.3	24765.8	6796.5	1554.5	5701.0	1638.4	3031.0	2566.0	2832.4	646.1
甘肃	37572.4	25207.0	7530.3	1759.4	6006.0	1523.9	3334.8	2470.5	2005.1	577.1
青海	38735.8	21700.2	7187.7	1532.3	4457.6	1253.4	3028.0	1527.4	2156.1	557.8
宁夏	40193.7	24213.4	6943.8	1720.3	4734.4	1600.4	3330.4	2833.3	2481.2	569.5
新疆	38410.2	24142.3	7811.4	1615.3	4438.0	1407.9	3137.0	1947.6	2773.6	1011.5

资料来源：《中国统计年鉴 2023》。

表 5-2　2022 年全国 31 省市区农村收入与支出数据

单位：元

省份	人均可支配收入	人均消费支出	食品烟酒	衣着	居住	生活用品及服务	交通通信	教育文化娱乐	医疗保健	其他用品及服务
全国	20132.8	16632.1	5485.4	864.0	3502.5	933.8	2230.3	1683.1	1632.5	300.5
北京	34753.8	23745.4	6503.2	1108.0	7910.2	1359.5	3281.9	1306.9	1900.3	375.5
天津	29017.8	18934.2	6533.8	989.1	3962.8	1106.1	2521.6	1089.6	2286.1	445.3
河北	19364.2	16270.6	5258.7	1030.5	3082.8	971.3	2469.1	1480.2	1662.1	316.0
山西	16322.7	12090.9	3880.5	778.4	2741.1	636.0	1371.9	1110.7	1324.4	247.9
内蒙古	19640.9	15443.6	4795.9	829.3	2997.6	698.2	2240.7	1446.8	2140.3	294.7
辽宁	19908.0	14326.1	4509.7	855.8	2707.9	658.1	2175.5	1468.5	1631.8	318.8
吉林	18134.5	12729.2	4234.1	714.2	2070.8	519.6	1881.3	1335.9	1661.6	311.8
黑龙江	18577.4	15161.8	5081.8	954.4	2320.2	629.4	2229.5	1539.8	2125.3	281.3
上海	39729.4	27430.3	10604.0	1295.5	6029.8	1372.3	3783.0	1169.5	2690.1	486.2
江苏	28486.5	22596.9	7421.1	1246.6	5114.5	1448.9	3148.5	1731.0	1994.1	492.4
浙江	37565.0	27483.4	8496.9	1336.4	7794.7	1539.9	3816.3	2121.2	1847.3	530.8
安徽	19574.9	17980.4	6353.9	1042.2	3698.6	1060.3	2030.7	1926.1	1554.1	314.6
福建	24986.6	20466.5	7060.5	962.6	5175.9	1033.5	2322.9	1843.8	1634.2	433.0
江西	19936.0	16984.4	5666.9	737.4	4204.3	888.3	1854.6	1936.4	1491.0	205.5
山东	22109.9	14686.7	4337.3	811.3	2736.5	925.0	2534.8	1535.9	1577.6	228.4

续表

省份	人均可支配收入	人均消费支出	食品烟酒	衣着	居住	生活用品及服务	交通通信	教育文化娱乐	医疗保健	其他用品及服务
河南	18697.3	14823.9	4339.9	1032.0	3017.1	917.9	1835.3	1792.4	1641.5	247.8
湖北	19709.5	18991.0	5800.8	1021.8	3752.5	1057.7	2886.5	2153.5	1975.6	342.6
湖南	19546.3	18077.7	5520.7	789.5	3953.5	1016.7	2115.0	2424.8	2004.8	252.9
广东	23597.8	20800.0	8393.1	694.0	4782.7	992.5	2471.2	1881.0	1219.6	365.9
广西	17432.7	14657.7	4703.9	443.7	3111.8	717.9	1903.8	2041.2	1539.0	196.5
海南	19117.4	15145.5	6507.4	423.1	2954.7	583.0	1837.8	1568.3	1060.1	211.1
重庆	19312.7	16727.1	6106.1	879.5	3023.0	1035.6	1970.1	1663.1	1773.4	276.3
四川	18672.4	17199.0	6188.8	888.1	3218.1	1139.3	2174.4	1400.5	1878.0	311.8
贵州	13706.7	13172.5	4118.0	695.7	2703.8	802.0	1929.6	1693.5	993.0	236.9
云南	15146.9	13308.6	4589.2	529.7	2626.5	644.0	2013.1	1508.2	1217.6	180.2
西藏	18209.5	11138.9	4458.4	784.2	2228.5	680.9	1716.6	555.4	490.5	224.3
陕西	15704.3	14094.2	4188.2	722.8	3148.6	806.2	1782.7	1340.1	1894.7	210.9
甘肃	12165.2	11494.2	3681.6	654.5	2296.9	593.2	1535.6	1235.9	1307.8	188.6
青海	14456.2	12515.8	4470.5	869.5	2100.3	632.7	1991.4	798.8	1353.9	298.6
宁夏	16430.3	12825.3	4028.0	689.6	2373.4	747.1	1958.9	1255.5	1552.6	220.1
新疆	16549.9	12169.1	3869.8	788.2	2252.3	639.8	1634.4	1076.4	1222.6	685.6

资料来源：《中国统计年鉴2023》。

3. 相关参数估计

在对 2017—2022 年相关数据整理的基础上，将我国城乡居民的人均可支配收入和消费性支出的不同类别食品烟酒、衣着、居住等八项指标代入回归方程中对相关参数进行估计。将被解释变量设定为党的十九大以来我国 31 省市区城乡居民各类消费支出，解释变量设定为各省城乡居民人均收入指标，通过运用 Stata 17.0 统计软件对八项消费指标分别进行回归计算分析，从而得到相应年份我国城镇与农村居民基本消费支出的八项指标相关参数估计值和各回归方程的判定系数 R^2 的值，如表 5-3、表 5-4 所示。

根据我国各省城镇与农村人均可支配收入与八大类消费支出参数估计结果，在我国城镇数据中显示，食品烟酒、居住、生活用品及服务、交通通信、教育文化娱乐、其他用品及服务这 6 类被解释变量与解释变量回归模型判定系数 R^2 均大于 0.4，表明模型通过拟合度检验，且均通过显著性检验，但衣着和医疗保健这两类支出模型拟合程度较低，且衣着消费支出数据存在个别年份未通过显著性检验。在我国农村消费数据中显示，除了个别变量或个别年份数据拟合度低或未通过显著性检验外，食品烟酒、居住、生活用品及服务、交通通信等其他消费支出回归模型拟合度较好，且均通过显著性检验。就回归整体结果来说，存在个别变量的某些年份数据未通过显著性检测，可能是由于样本选取时，不同省份之间随机波动较大导致的；也可能是就某一具体时间而言，居民对该项消费支出的预算份额与该项消费的基本需求占总的基本需求比例相等；但其他数据均通过显著性检验且拟合度良好，同时计算的是总体基本生活需求消费水平，个别数据对整体的影响较小，因此可以认为选取的样本数据具有较好的解释意义。

3. 测算结果

通过表 5-3、表 5-4 的相关数据，在估计参数的基础上代入公式（4）可分别对我国城镇和农村各年各项消费的基本生活需求支出进行测算，即得到社会救助水平理论值。城镇与农村居民社会救助水平的测算结果如表 5-5 所示，2017—2022 年我国城镇社会救助水平理论值分别为 10523.9 元/人·年、11680.4 元/人·年、12914.0 元/人·年、13338.9 元/人·年、13769.3 元/人·年、13855.8 元/人·年；农村社会救助水平理论值为 6991.6 元/人·年、

表 5-3 2017—2022 年我国城镇居民人均消费支出 ELES 模型的参数估计[1]

年份	参数	食品烟酒	衣着	居住	生活用品及服务	交通通信	教育文化娱乐	医疗保健	其他用品及服务
2017	α_i	2669.508	1580.553	-471.483	445.186	716.478	327.305	1174.528	-64.598
	β_i	0.119	0.015*	0.028	0.029	0.071	0.068	0.044	0.020
	R^2	0.480	0.101	0.939	0.652	0.679	0.678	0.276	0.706
2018	α_i	2672.660	1615.646	-474.808	570.363	966.160	486.908	1405.008	11.609
	β_i	0.117	0.016	0.028	0.027	0.065	0.063	0.045	0.018
	R^2	0.553	0.136	0.937	0.742	0.706	0.672	0.306	0.711
2019	α_i	3162.958	1641.529	-523.020	618.812	1020.923	542.459	1733.54	16.130
	β_i	0.107	0.015	0.029	0.025	0.063	0.065	0.042	0.018
	R^2	0.512	0.139	0.937	0.692	0.777	0.676	0.283	0.667
2020	α_i	3367.411	1619.674	-529.845	611.933	1552.623	930.951	1809.735	134.781
	β_i	0.101	0.009*	0.028	0.023	0.044	0.035	0.036	0.012
	R^2	0.547	0.073	0.940	0.624	0.490	0.497	0.280	0.557
2021	α_i	3458.187	1519.8	-544.967	607.351	1401.507	1264.954	1440.53	-32.063
	β_i	0.108	0.013	0.027	0.025	0.053	0.041	0.053	0.018
	R^2	0.597	0.205	0.934	0.707	0.566	0.502	0.425	0.623

[1] 标注 * 数据为在 0.05 的显著性水平下,未通过检验项。

续表

年份	参数	食品烟酒	衣着	居住	生活用品及服务	交通通信	教育文化娱乐	医疗保健	其他用品及服务
2022	α_i	3462.747	1648.315	-597.293	528.106	1267.031	1482.733	1634.353	-59.467
	β_i	0.108	0.016	0.028	0.025	0.052	0.028	0.049	0.018
	R^2	0.577	0.165	0.929	0.649	0.533	0.311	0.398	0.675

资料来源：根据 2018—2023 年《中国统计年鉴》相关数据计算得出。

表 5-4　2017—2022 年我国农村居民人均消费支出 ELES 模型的参数估计[①]

年份	参数	食品烟酒	衣着	居住	生活用品及服务	交通通信	教育文化娱乐	医疗保健	其他用品及服务
2017	α_i	949.796	253.600	-207.663	61.152	167.360	826.071	551.686	1062.525
	β_i	0.184	0.029	0.190	0.041	0.102	0.024	0.038	-0.033
	R^2	0.704	0.472	0.830	0.622	0.703	0.178	0.307	0.145
2018	α_i	814.339	280.916	102.486	73.049	305.074	995.021	695.545	45.228
	β_i	0.193	0.027	0.169	0.043	0.096	0.019	0.041	0.012
	R^2	0.715	0.486	0.743	0.689	0.773	0.139	0.366	0.598

① 标注 * 数据为在 0.05 的显著性水平下，未通过检验项。

续表

年份	参数	食品烟酒	衣着	居住	生活用品及服务	交通通信	教育文化娱乐	医疗保健	其他用品及服务
2019	α_i	799.757	273.353	90.657	150.481	424.578	1064.951	650.060	18.232
	β_i	0.199	0.029	0.167	0.037	0.088	0.023	0.047	0.015
	R^2	0.716	0.528	0.750	0.682	0.743	0.179	0.414	0.697
2020	α_i	1128.992	362.941	210.219	187.409	461.586	1148.651	891.012	80.480
	β_i	0.194	0.021	0.156	0.032	0.081	0.005*	0.029	0.009
	R^2	0.688	0.457	0.733	0.743	0.744	0.012	0.277	0.579
2021	α_i	1293.206	315.852	12.164	185.974	340.109	1322.314	901.503	72.980
	β_i	0.203	0.590	0.171	0.035	0.096	0.012*	0.035	0.012
	R^2	0.721	0.005	0.739	0.762	0.759	0.044	0.325	0.400
2022	α_i	1273.448	350.617	143.312	185.094	545.157	1433.907	1121.898	91.3072
	β_i	0.205	0.024	0.159	0.034	0.081	0.005	0.025	0.011
	R^2	0.706	0.534	0.789	0.681	0.813	0.010	0.325	0.366

资料来源：根据2018—2023年《中国统计年鉴》相关数据计算得出。

8279.2元/人·年、8790.0元/人·年、9453.0元/人·年/、10983.5元/人·年、11282.3元/人·年。测算结果表明，随着人均可支配收入的增加，城乡居民社会救助水平理论值整体上呈逐年递增趋势，与实际趋势情况相符。

表5-5 2017—2022年我国城镇与农村居民社会救助水平测算值

单位：元

年份	人均可支配收入		人均消费支出		城镇基本生活需求水平		农村基本生活需求水平	
	城镇	农村	城镇	农村	年标准	月标准	年标准	月标准
2017	36396.2	13432.4	24445.0	10954.5	10523.9	877.0	6991.6	582.6
2018	39250.8	14617.0	26112.3	12124.3	11680.4	973.4	8279.2	689.9
2019	42358.8	16020.7	28063.4	13327.7	12914.0	1076.2	8790.0	732.5
2020	43833.8	17131.5	27007.4	13713.6	13338.9	1111.6	9453.0	787.8
2021	47411.9	18930.9	30307.2	15915.6	13769.3	1147.4	10983.5	915.3
2022	49282.9	20132.8	30390.8	16632.1	13855.8	1154.7	11282.3	940.2

资料来源：根据2018—2023年《中国统计年鉴》相关数据计算得出。

第二节 基于ELES测算结果的社会救助水平层次分析

一 社会救助水平实际值与ELES测算水平对比

经计算，城乡低保标准实际值、ELES测算值以及替代率相关指标如表5-6、表5-7所示。

表5-6 2017—2022年我国城市低保标准实际值、ELES测算值以及替代率相关指标

单位：元/年；%

年份	低保标准实际值	ELES测算值	低保实际值占测算值的比重	低保实际值可支配收入替代率	低保测算值可支配收入替代率	低保实际值消费替代率	低保测算值消费替代率
2017	6487.2	10523.9	61.6	17.8	28.9	26.5	43.1

续表

年份	低保标准实际值	ELES测算值	低保实际值占测算值的比重	低保实际值可支配收入替代率	低保测算值可支配收入替代率	低保实际值消费替代率	低保测算值消费替代率
2018	6956.4	11680.4	59.6	17.7	29.8	26.6	44.7
2019	7488.0	12914.0	58.0	17.7	30.5	26.7	46.0
2020	8131.2	13338.9	61.0	18.6	30.4	30.1	49.4
2021	8536.8	13769.3	62.0	18.0	29.0	28.2	45.4
2022	8907.6	13855.8	65.2	18.3	28.1	29.7	45.6

资料来源：根据历年《民政统计年鉴》数据计算得出。

表5-7 2017—2022年我国农村低保标准实际值、ELES测算值以及替代率相关指标

单位：元/年；%

年份	低保标准实际值	ELES测算值	低保实际值占测算值的比重	低保实际值可支配收入替代率	低保测算值可支配收入替代率	低保实际值消费替代率	低保测算值消费替代率
2017	4300.7	6991.6	61.5	32.0	52.1	39.3	63.8
2018	4833.4	8279.2	58.4	33.1	56.6	39.9	68.3
2019	5335.5	8790.0	60.7	33.3	54.9	40.0	66.0
2020	5962.3	9453.0	63.1	34.8	55.2	43.5	68.9
2021	6362.2	10983.5	57.9	33.6	58.0	40.0	69.0
2022	6985.2	11282.3	61.9	34.7	56.0	42.0	67.8

资料来源：根据历年《民政统计年鉴》数据计算得出。

就绝对数值而言，2017—2022年我国城乡低保实际水平低于ELES测算的理论水平，同一时期内，城市低保实际水平占ELES测算水平的比重分别为61.6%、59.6%、58.0%、61.0%、62.0%、65.2%，呈现先下降后上升趋势；农村低保实际水平占ELES测算水平的比重依次为61.5%、58.4%、60.7%、63.1%、57.9%、61.9%，呈现波动上升趋势。整体来说，低保实际水平与测算水平间的差值正在逐渐缩小，但还存在距离，这表明当前以低保为核心的社会救助水平未能全面满足困难群众的实际需求，对困难群众的

全面发展与实际需求的保障力度仍有待进一步加强。这与前面章节分析我国平均救助标准持续提高但实际保障水平有待改善这一发展特征相符。

就相对数值而言，2017—2022年城市低保实际值对可支配收入替代率平均为18.0%，测算值可支配收入替代率平均为29.5%；农村低保实际值对可支配收入替代率平均为33.6%，测算值可支配收入替代率平均为55.5%。城市低保实际值人均消费支出替代率均值为28.0%，测算值人均消费支出替代率均值为45.7%；农村低保分别为40.8%、67.3%。可以看出，城乡最低生活保障实际水平可支配收入替代率低于同时期ELES测算水平可支配收入替代率，实际保障水平消费替代率低于同期测算水平消费替代率。上述分析表明：目前我国社会救助水平虽然能够满足维持温饱的需要，但无法满足救助对象共享经济社会经济发展成果和提高生活质量的需要，相比于实际的保障水平，ELES模型测算的水平能够满足受助对象除温饱需求以外的其他需求，更好、更全面、更高质量地保障困难对象的基本生活，更符合国际上的认定标准。在共同富裕目标下，测算结果作为理论上的诊断标准，具有较强的指导意义，但具体需要进一步评估、结合各省市区实际确定。

二 社会救助水平层次测算

（一）社会救助水平层次的确定

根据相对贫困理论的分层和我国大多数省份实际情况，可以确定涵盖八项消费项目的三层次社会救助水平（如表5-8所示）。第一层次为温饱型社会救助水平，这一层次的救助水平只能维持救助对象在食品烟酒、衣着、居住三方面的低生存需求。第二层次为基本型社会救助水平，这一层次救助水平保障救助对象满足医疗保健、教育文化娱乐需要，在温饱型基础上实现的基本型水平，即温饱型项目支出加上医疗保健及教育文化娱乐项目的支出。第三层次为发展型社会救助水平，这一层次水平能在满足基本型水平的基础上丰富社交活动、出行活动和其他基本生活需求之外服务的发展型社会救助水平，涵盖八大类消费项目的支出。随着满足需求的消费支出项目增加，保障水平也逐步增加。

表 5-8　温饱型、基本型、发展型社会救助水平对应的需求项目

层次水平	需求项目
温饱型	食品烟酒、衣着、居住
基本型	食品烟酒、衣着、居住、医疗保健、教育文化娱乐
发展型	食品烟酒、衣着、居住、交通通信、医疗保健、生活用品及服务、其他用品及服务

资料来源：根据汤森对贫困分层、"两不愁三保障脱贫标准"和统计年鉴消费项目自制。

（二）测算结果

结合表5-5、表5-6、表5-7计算出2017—2022年我国温饱型、基本型以及发展型三层次社会救助水平，具体见表5-9。2017年，城市温饱型、基本型、发展型社会救助水平分别为：375.8元/人·月、606.1元/人·月、877.0元/人·月；农村分别为：139.0元/人·月、369.7元/人·月、582.6元/人·月。2022年，城市温饱型、基本型、发展型社会救助水平分别为：443.6元/人·月、824.8元/人·月、1154.7元/人·月；农村分别为：240.7元/人·月、619.0元/人·月、940.2元/人·月。随着经济的发展，不同层次的社会救助水平均有所提高，城乡发展型社会救助水平差距逐渐缩小，符合我国正在逐步推进社会救助城乡统筹发展的趋势。2022年，我国城镇最低生活保障标准为752.3元/人·月，处于温饱型之上基本型之下层次水平，距离发展型层次水平差值为402.4；农村最低生活保障标准为582.1元/人·月，也介于温饱型和基本型之间层次水平，距离高层次水平差值为358.1。综上，我国城乡社会救助水平尚处于低层次水平，且正在由温饱型社会救助水平向基本型社会救助水平逐渐靠近，但与发展型社会救助水平相距甚远。

表 5-9　2017—2022 年社会救助水平层次测算值

单位：元/人·月

年份	温饱型社会救助水平		基本型社会救助水平		发展型社会救助水平	
	城市	农村	城市	农村	城市	农村
2017	375.8	139.0	606.1	369.7	877.0	582.6
2018	378.8	163.4	650.4	436.8	973.4	689.9

续表

年份	温饱型社会救助水平		基本型社会救助水平		发展型社会救助水平	
	城市	农村	城市	农村	城市	农村
2019	420.2	160.3	736.5	448.4	1076.2	732.5
2020	430.9	225.5	758.3	524.1	1111.6	787.8
2021	433.6	235.6	784.8	589.5	1147.4	915.3
2022	443.6	240.7	824.8	619.0	1154.7	940.2

数据来源：根据相关数据计算得出。

通过进一步分析，以2022年为例，将各省城乡最低生活保障标准与ELES模型测算出来的不同社会救助层次平均水平进行比较并分类，如表5-10所示。从表中各省城乡低保标准所处层次情况可知，我国城乡低保标准较多处于温饱型水平层次，城市低保处于温饱型层次的有山西、辽宁、云南等21个省份，处于基本型层次的有天津、江西、西藏等8个省（市、区），处于发展型层次的仅有北京、上海两个省（市、区）。农村低保处于温饱型层次的有河北、山西、西藏等21个省（市、区），处于基本型层次的有广东、安徽、重庆等6个省（市、区），处于发展型层次的有北京、上海、天津、浙江、江苏4个省（市、区）。可以看出城乡低保处于温饱型水平层次的省份多集中于西部地区、东北地区以及部分中部地区；处于基本型水平层次的省份多集中于东部以及少部分中部、西部地区；处于发展型水平层次的均为东部地区省份。综上所述，我国目前大部分省份城乡低保水平处于温饱型层次，同时存在海南、河北等个别发达地区的低保水平与经济发展水平不相适应的情况，未能很好地兼顾困难群体的基本需求，社会救助水平向更高层次提升是社会救助发展的必然趋势。

表5-10 2022年各省城乡低保标准所处层次情况

分类	城市	农村
温饱型水平层次	河北、山西、内蒙古、辽宁、吉林、黑龙江、安徽、河南、湖北、湖南、广西、海南、重庆、四川、贵州、云南、陕西、甘肃、青海、宁夏、新疆（21个）	河北、山西、内蒙古、吉林、辽宁、黑龙江、河南、湖北、湖南、广西、海南、重庆、四川、贵州、云南、西藏、陕西、甘肃、青海、宁夏、新疆（21个）

续表

分类	城市	农村
基本型水平层次	天津、江苏、浙江、山东、广东、西藏、福建、江西（8个）	江苏、安徽、福建、江西、山东、广东（6个）
发展型水平层次	北京、上海（2个）	北京、上海、天津、浙江（4个）

数据来源：根据表5-9测算数据与《中国统计年鉴》相关数据计算得出。

第三节 共同富裕目标下的社会救助水平预测

共同富裕的"富裕性"要求随着社会经济发展水平的提高、社会收入的增加，人民生活实现富裕。共同富裕的"共享性"要求城乡协调发展，使全体社会成员共享发展成果，将收入差距维持在合理区间。从前文的分析中可知，我国社会救助水平总体较低，绝大多数省份现实的社会救助水平仅能维持困难居民温饱层次的需求水平且城乡之间还存在较大差异，违背公平正义原则并影响着共同富裕目标的实现，因此，提升社会救助水平势在必行。党的十九大和党的十九届五中全会鲜明地提出推进共同富裕的2035年目标和2050年目标，即到2035年全体人民共同富裕取得更为明显的实质性进展的重要阶段性发展目标和到2050年全体人民共同富裕基本实现的战略目标，基于国家宏观层面对共同富裕目标的规划，考虑到城乡低保对象规模逐年缩减的趋势，2035年前后可能大多数困难群众基本实现自强自立，困难群众将维持在较小的规模范围内，救助政策可能发生转型，因此无向后预测的必要，本章将对2024—2035年社会救助水平进行预测。

一 灰色预测模型的构建

设原始数列：

$$x^{(0)} = \{x^{(0)}(i), i = 1, 2, 3, \cdots, n\}$$

生成一次累加数列：

$$x^{(1)}(k) = \sum_{i=1}^{k} x^{(0)}(i), k = 1, 2, \cdots, n$$

建立灰微分方程：

$$x^{(0)}(k) + a\frac{1}{2}x^{(1)}(n-1) + \frac{1}{2}x^{(1)}(n) = u, k = 1, 2, 3, \cdots, i, n = 2, 3, 4, \cdots, i$$

得到相应的白化模型为 GM（1，1）模型：

$$\frac{dx^{(1)}}{dt} + ax^{(1)} = u$$

要求出 a、u 的值，设：

$$\hat{a} = [a, u]^T = (B^T B)^{-1} B^T Y_n$$

确定参数：

$$B = \begin{bmatrix} -\frac{1}{2}(x^{(1)}(1) + x^{(1)}(2)) & 1 \\ -\frac{1}{2}(x^{(1)}(2) + x^{(1)}(3)) & 1 \\ \cdots & \\ -\frac{1}{2}(x^{(1)}(n-1) + x^{(1)}(n)) & 1 \end{bmatrix}$$

$$Y_n = (x^{(0)}(2), x^{(0)}(3), \cdots, x^{(0)}(n))^T \tag{5}$$

用最小二乘法解出待估计参数 $\hat{a}$ 的估计值，进而得到 GM（1，1）的预测模型：

$$\hat{x}^{(1)}(k) = \left[x^{(0)}(1) - \frac{u}{a}\right]e^{-a(k-1)} + \frac{u}{a}$$

累减还原：$\hat{x}^{(0)}(k) = \hat{x}^{(1)}(k) - \hat{x}^{(1)}(k-1)$

检验预测值：$\varepsilon(k) = \dfrac{x^{(0)}(k) - \hat{x}^{(0)}(k)}{x^{(0)}(k)}, k = 1, 2, \cdots, n$

二 城乡居民可支配收入预测

本章以 2017—2023 年城乡居民人均可支配收入数据进行测算，通过《中国统计年鉴》和《2023 年国民经济和社会发展统计公报》数据可知，2017—2023

年我国城乡居民人均可支配收入呈现出显著的指数型增长趋势，可选用灰色预测 GM（1，1）模型预测 2024—2035 年城乡居民人均可支配收入。在建模时先进行级比值①检验，以判断数据序列是否适用于该模型。结果显示，数据数列级比检验值均在可容覆盖范围［0.7788，1.284］区间内，则可以建立 GM（1，1）模型进行灰色预测，无须进行平移转换，因此直接对原始数据进行建模。

分别构建城乡人均可支配收入 GM（1，1）模型，得到城镇人均可支配收入发展系数 $a = -0.0544$，灰色作用量 $u = 36619.889$，后验差比值 $c = 0.006 < 0.35$，农村人均可支配收入发展系数 $a = -0.0781$，灰色作用量 $u = 13120.629$，后验差比值 $c = 0.003 < 0.35$，以上结果均表明构建的 GM（1，1）模型精度等级高，可运用模型进行预测。2024—2035 年城镇与农村居民人均可支配收入预测结果如表 5 – 11 所示。根据预测结果显示，2035 年城乡居民人均可支配收入分别为 100060.6 元、55627.6 元，相较于 2023 年的 51821.0 元、21691.0 元分别增长了 1.9 倍、2.6 倍，表明随着共同富裕进程的推进，人均可支配收入呈现出稳定增长的态势。

表 5 – 11　2024—2035 年城镇与农村居民人均可支配收入预测值

单位：元

年份	人均可支配收入		年份	人均可支配收入	
	城镇	农村		城镇	农村
2024	54989.1	23552.7	2030	76223.3	37638.4
2025	58064.6	25466.7	2031	80486.4	40697.0
2026	61312.2	27536.2	2032	84988.0	44004.2
2027	64741.4	29773.9	2033	89741.4	47580.2
2028	68362.4	32193.4	2035	94760.7	51446.8
2029	72185.9	34809.6	2035	100060.6	55627.6

数据来源：笔者计算所得。

---

① 级比值 = 上期数据/当期数据。

针对残差值检验模型预测的效果，城镇与农村人均可支配收入 GM（1，1）模型相对误差最大值分别为 0.0149、0.0158；级比偏差最大值分别为 0.022、0.022，均小于 0.1，表明模型拟合效果满足较高要求。

三　社会救助水平预测

由表 5-9 可计算出 2017—2022 年我国城镇社会救助温饱型、基本型、发展型水平测算值的平均替代率分别为 11.6%、20.2%、29.5%；农村分别为 13.8%、35.6%、55.5%，根据人均可支配收入和社会救助平均收入替代率的数值便可预测出未来一段时间内我国城镇与农村居民不同层次社会救助水平的具体值，如表 5-13 所示。

根据预测结果显示，城镇居民发展型社会救助水平由 2022 年的 13856.4 元/年增加到 2035 年的 29476.3 元/年，增加了 2.1 倍；农村居民发展型社会救助水平由 2022 年的 11282.4 元/年增加到 2035 年的 30854.2 元/年，增加了 2.7 倍，表明随着居民人均可支配收入的增加，社会救助水平也随之提升，满足其对美好生活需求的期许，困难群众能够较好共享经济发展成果。另外，通过预测结果还可以发现，2033 年城镇与农村发展型社会救助水平分别为 26436.4 元/年、26390.7 元/年，表明在 2035 年左右可以实现社会救助城乡统筹发展，符合我国实际发展趋势。

表 5-12 GM (1, 1) 模型检验

年份	城镇居民人均可支配收入					农村居民人均可支配收入				
	原始值	预测值	残差	相对误差	级比偏差	原始值	预测值	残差	相对误差	级比偏差
2017	36396.2	36396.2	0	0.00%	0.019	13432.4	13432.4	0.0	0.00%	0.006
2018	39250.8	39670.3	-419.5	1.07%	0.020	14617.0	28170.8	-121.4	0.83%	0.013
2019	42358.8	41889.1	469.7	1.11%	0.022	16020.7	44106.9	84.6	0.53%	0.011
2020	43833.8	44231.9	-398.1	0.91%	0.022	17131.5	61338.0	-99.6	0.58%	0.022
2021	47411.9	46705.8	706.1	1.49%	0.018	18930.9	79969.3	299.5	1.58%	0.017
2022	49282.9	49318.1	-35.2	0.07%	0.006	20132.8	100114.8	-12.6	0.06%	0.004

数据来源：笔者计算所得。

表 5-13 2024—2035 年城乡社会救助水平预测

单位：元/年

年份	居民人均可支配收入		温饱型社会救助水平		基本型社会救助水平		发展型社会救助水平	
	城镇	农村	城镇	农村	城镇	农村	城镇	农村
2024	54989.1	23552.7	6364.7	3254.8	11129.6	8378.8	16198.9	13063.7
2025	58064.6	25466.7	6720.7	3519.3	11752.1	9059.7	17104.9	14125.3
2026	61312.2	27536.2	7096.6	3805.3	12409.4	9795.9	18061.6	15273.1
2027	64741.4	29773.9	7493.5	4114.5	13103.5	10591.9	19071.8	16514.3
2028	68362.4	32193.4	7912.6	4448.9	13836.4	11452.7	20138.5	17856.3

续表

年份	居民人均可支配收入		温饱型社会救助水平		基本型社会救助水平		发展型社会救助水平	
	城镇	农村	城镇	农村	城镇	农村	城镇	农村
2029	72185.9	34809.6	8355.2	4810.4	14610.2	12383.4	21264.9	19307.4
2030	76223.3	37638.4	8822.5	5201.4	15427.4	13389.7	22454.2	20876.4
2031	80486.4	40697.0	9315.9	5624	16290.2	14477.8	23710.1	22572.9
2032	84988	44004.2	9837	6081.1	17201.3	15654.3	25036.2	24407.2
2033	89741.4	47580.2	10387.2	6575.2	18163.4	16926.5	26436.4	26390.7
2034	94760.7	51446.8	10968.1	7109.6	19179.3	18302	27915	28535.3
2035	100060.6	55627.6	11581.6	7687.3	20252	19789.3	29476.3	30854.2

数据来源：根据历年统计年鉴和社会救助水平平均替代率计算得出。

第六章 我国社会救助支出水平的效率评估

习近平总书记在党的二十大报告中指出:"坚持按劳分配为主体、多种分配方式并存,构建初次分配、再分配、第三次分配协调配套的制度体系。"这一重要部署对于正确处理效率和公平的关系,在发展的基础上不断增进人民福祉,逐步缩小收入差距,扎扎实实朝共同富裕的目标迈进具有非常重要的意义。在推进"共富"方面,首先要避免出现"两极化"现象,这需要持续拓宽中低收入群体的薪资来源渠道实现增收。同时,要想达到财富积累的目的,也必须考虑到生产的效率问题,这两者之间紧密联系、相互促进。因此,在实施社会救助时,也要注意怎样才能让已有的社会救助资金更好地使用,得到最大化的效率水平。

我国极其重视社会救助制度的发展,各级政府持续增加救助资金投入、扩大救助覆盖面,但由于救助人数基数大、区域发展不平衡等客观因素,我国社会救助离实现共同富裕的高质量发展目标还存在一定的差距。在救助实践中,央地权责不清晰、救助资金不充裕、资金筹集渠道狭窄、救助治理不精准等问题不可避免地造成救助资金支出效率损失。因此,社会救助也需要关注财政资源的使用效率,以最少的资金支出获得更高效的社会救助效果。由于我国幅员辽阔、人口众多、区域发展不平衡,地区之间社会救助经费规模存在差距,地区之间、城乡之间的救助支付标准也不一致,这都会影响到不同脆弱群体的救助收入水平,相应地,地区间社会救助资金支出效果也可能大相径庭。地方政府的财力有限,一味扩大社会救助资金支出规模会挤占用于其他方面的财政资金,各地区的社会救助体系难以持续发展,因此提高各地区的社会救助资金支出水平关键在于提高资金的使用效率。

第一节　效率分析方法选择

数据包络分析方法（DEA）和随机前沿分析方法（SFA）是支出效率相关研究较为广泛使用的方法。

相较于数据包络分析方法，随机前沿分析方法具有以下优点：

一是 DEA 未充分体现出样本中的随机误差及相关性，造成样本因为奇特值而呈现出差别巨大的分析结论，此外，DEA 对样本及指数的设置提出了更严苛的限制条件，且 DEA 不能充分挖掘影响效率变化的关键因素。而 SFA 能够凭借误差项阐述随机因素，将其与技术有效性分开来，从而更加科学、有效地使用了各采样数据的特征，提高了算法的规范性。

二是 DEA 更适用于多投入、多产出效率分析，而本章社会救助资金支出效率评估表现为多投入、单产出，以社会救助力度系数作为产出变量，以"人力、物力、财力"作为多项投入变量代入随机前沿分析中。

本节需要重点解决：首先，通过对我国的社会救助资金的投入产出进行测算，发现各年度的效率具有一定的随机误差性；其次，对不同区域之间的社会资金的使用效益进行了比较研究并找出影响因素。资金支出作为保障社会成员生活能够达到最低生活水平的有效手段，片面地投入变量只会误导研究结果，因此在测定投入产出效率中将资金支出作为影响因素，SFA 能满足这一需求并能很好地处理以上问题。

第二节　变量的选择

一　社会救助资金效率评估指标的功能分析

社会救助资金效率评估指标体系是一个统计指标的组合，反映了社会资金的使用对象、范围、速度、效益和其他方面在特定时间和空间内的变化趋势。其功能可概括为以下几点。

（一）描述和反映功能

社会救助资金效率评估指标可以对在某一段时间里，受到社会救助的人口总量和脱离贫穷的人数进行统计分析，结果阐述为救助工作在覆盖面、受益人规模、对象变动等方面的变化。

（二）评价功能

一方面，通过比较跨年份和地区指标来衡量社会救助工作进程与结果，评估其在减贫、维持社会安定、推动资源整合方面的效果。另一方面，可以将真实的指标数值和标准数值或设定的目标值进行对比，从而对社会救助工作的落实情况和执行成效进行评估。

（三）指导功能

利用这些救助资金支出评估中存在的问题，推动政府对其进行相应的政策改革，使得其在制定政策过程中更加精确化、精准化，更好地推进政府部门进行相关的社会救助决策和实施，以达到优化配置的目的。

二 投入产出指标的选取原则

（一）科学性原则

在进行社会救助资金支出评估指标体系时，必须从社会救助工作自身及资金运作的性质与特征入手，并对其进行全面的考量，包括经济发展水平等。在评估指标体系的每个部分，如指标参考值的确定、指标分析的计算方法，以及对指标体系的对比分析等方面应更加科学合理。

（二）全面性原则与可操作性原则

指标的设置需要涵盖整个社会救助工作中的每一个环节，并对其进行全面的考量，以及对其实施效果的多种因素进行分析。同时，该投入产出指标不仅要满足 SFA 的要求，还要从多个方面体现出社会救助资金的支出效率，并要客观地体现出其制度的本质特征。此外，也要注意到指标数据的可获得性、精确性、真实性。

（三）可比性原则与差异性原则相结合

在评估我国的社会救助效率时，其指标设定按照可比性的原则，在制定指标参考价值或标准值时，要注意区域之间的差别，以免设定的目标太高或太低，对政策的执行产生不利的作用。

三 变量选取理论依据

通过查阅《中国民政统计年鉴》等其他相关数据，发现在2017年到2022年间，社会救助资金的各项费用中，代表性项可选为：城镇低保、农村低保、特困人员供养、医疗、教育、临时救助，这6项占据总财政资金的比例都大于91%。故对六种不同类型的社会救助资金支出效率进行测算，可反映出整个国家的社会救助发展状况。再次梳理文献使选取的投入产出指标更为合理，利用SFA研究社会救助资金支出效率的文献较少，而SFA是分析各项因素对产出的影响，故梳理社会保障领域的资金支出效率和少部分社会救助资金支出效率的研究以供参考。

（一）社会保障相关研究

伏润民等（2008）以社保工作为实例，将其中的人均社会保障工作费用作为输入，将体现社会保障工作质量的社会保障覆盖率、新农合的参保比例，以及体现社会保障效果的恩格尔系数、贫困人口比例、失业率等作为输出。闫威等（2009）将全国各地的人均退休金、人均社会保障补助支出、人均机关事业单位的退休金等当作输入，将全国各地的养老、失业、医疗保险覆盖率当作输出。王晓军等（2009）选用抚恤和社会福利救济费、社会保障补助支出等与财政支出比重作为投入指标，以城镇便民利民服务网点/全国网点数、城乡保障人数/人口数作为产出指标，来分析财政社会保障支出效率。仇晓洁等（2012）选择了农村社会保障的财政支出在财政支出中所占据的比例、各省份农村人口所占据的比例作为输入，以农村生活改善程度、农村社会救济的数量以及新农合的医疗获益率作为输出，对农村社会保障的财政支出进行了研究。

（二）社会救助相关研究

刘畅等（2011）选择了城镇低保平均支出、其他城镇社会救济预算、城镇医疗救助平均支出等作为投入的指标，以城镇低保人数、城镇临时救济人次数、城镇医疗救助人数等作为输出的指标。赵宁（2012）选择农民的基本生活保障支出、其支出占财政支出的比例、农民人口占国家人口的比例作为输入，同时以农民的基本保障覆盖率的绝对和相对保障覆盖率作为输出，来研究农民的基本生活保障的输入和输出。郭锐（2010）研究了社会救助支出效率，构建了投入产出指标，前者以救助机构床位数、社会救济费用和政府支出为主，以居民的平均救济费占城市和农村的比例为产出。周海文（2017）以救助标准、补差水平、农村救助率等作为绩效评估的变量，以救助站效率、五保户供养服务机构效率、农民低保效率作为效率评估内容。夏珺（2018）选取了农村低保支出总额、农村低保支出在当地的社保支出中所占的比例等作为输入，输出的主要是农村住户的恩格尔系数、农村低保对象的特定数量等。可以看到，在过去的调查中，大部分的投入都选择了支出及财政占比指标，而产出则选择了资金支出涵盖的范围和影响指标。

四 变量选取及定义

不同的研究者会选取不同的产出指标，但基本上都是人均值。在制定资金支出的投入产出指标时，他们均充分考量了各区域不同的经济社会发展水平及人群数量，采用除以当地的民政资金支出或人群总量来排除这两个因素的影响。社会救助的终极目标是让贫困人口的生活水平得到提升，但是绝对值并不适用于衡量人们物质生活水平的好坏，这是由于经济发达地区的救助标准比较高，并且居住在这里的人们所要承受的生活费用也较高，也就是说，得到高救助数额的贫困人群，他们的生活水平并不一定比得到低救助数额的贫困人群要高，因此，本章借鉴既有研究，如王增文（2010）对农村低保救助水平的评估和中华人民共和国审计署对最低生活保障金绩效审计评价指标体系的构建，选取"社会救助力度系数"作为被解释变量，用以衡量社会救助资金支出效率的总产出变量，并且对于社会救助资金的投入产出指标均采用相对数，社会救助资金（包括城镇低保、农村低保、特困人员供养、医疗救助、教育救助和临时救助项目）在"财力、人力、物力"上最终选取的投入产出指标如下。

(一) 因变量 (产出指标) 的选择

为了衡量社会救助效率,本章以依靠政府用来衡量最低生活保障救助力度的指标为参考,即农村低保救助力度系数,并选择社会救助力度系数 (σ_t) 作为评估社会救助效率产出指标:

$$\sigma_t = \frac{N_t}{I_{t-1}} \quad (1)$$

其中,σ_t 是第 t 期救助力度系数;N_t 是第 t 期社会救助人均实际支出额,即救助人口实际领到的救助金额;I_{t-1} 是该省份第 $t-1$ 年城乡人均收入。社会救助力度系数 (σ_t) 体现了各省对受救助人群的救助程度。对个人而言,社会救助系数的数值较大,说明对生活救助的帮助较大,然而,若该数值太大,一旦超出了财政的承受范围,就会对国家造成过重的负荷。一般情况下,已知前一个时期的城镇和农村人均所得为 I_{t-1}。一省份的平均薪酬水平在一定程度上可以体现出该省的整体经济发展程度。

在式 (1) 中,将社会救助人均支出额除以各区域的人均收入,能够排除各个省份之间经济社会发展水平的不同,从而将其视为某个省份的政府对社会救助对象的实质救助强度。当 σ_t 值较大时,则表明该省份对其提供了较多的救助帮扶;当 σ_t 值较小时,则表明该省份缺乏足够的救助支持力度。如果 σ_t 值太大,容易出现"福利依赖"的情况。

基于此,总产出水平可表述为:

总产出水平 = 人均救助支出额/(城镇居民可支配收入 + 农村居民纯收入)

我国贫困人口的划分标准一般以家庭人均年收入为标准,为充分反映社会救助资金支出效率需要考虑居民可支配收入和人均救助支出额的影响,因此选择"人均救助支出额与城乡收入比"这样一个相对量作为衡量总产出的指标。

(二) 解释变量 (投入指标) 的选择

根据有关客观性、独立性、可比性及准确性的原则,本章选择了下列几个指标，建立了一个度量社会救助资金效率的指标体系，为了排除各个区域的人数差异所造成的效应，本章均使用了人均指标。在 SFA 中，解释变量[①]为投入，将从人员、资金和固定资产投入三方面来选取投入变量。为了衡量社会救助资金支出的投入水平对产出效率的影响，本章选取了 7 个社会救助子项目的投入指标（$x_1 - x_7$）（见表 6 – 1）。

1. 固定资产投入指标

参考周海文等（2017）选取救助类单位建设情况、救助管理站投入水平、城镇老年福利机构供应度和农村五保机构投入水平四个指标，将其作为社会救助质量指标。

2. 人力投入指标

徐帅等（2016）提出影响社会救助绩效的控制变量包括了社会服务职工受教育程度，由于社会工作承担大部分社会服务递送及社会福利机构运作工作，专业性较强，主要以"大学及本科以上占总人数的比例"进行衡量。职工职业资格水平以"助理社会工作师和社会工作师的总和占总体职工人数比例"来衡量。基于此，本章选择社会救助资金人力投入指标时，以社会救助工作人员素质（拥有本科以上学历工作人员人数/救助总人数）、民政部门救助类工作人员比（救助类单位职工人数/民政行政机关职工人数）和受助对象人均拥有工作人员量（社会救助机构人数/救助总人数）为代表。

3. 资本投入指标

段美枝（2012）对贫困主体脱离贫穷状况的作用进行了政策研究，并对其进行了详细的指标测量，比如救助缺口、资金支出比重、政府负担水平等。而社会救助资金的筹集离不开政府财政的支持，对社会救助总支出特征的把握需要"国内生产总值（GDP）、民政事业费、财政支出"3 类占比的说明，即资金支出比重，社会救助资金支出占 GDP 的比重指的是一个国家或地区在每年其所产生的最终产品和劳务中，有多少被用来进行了社会救助的开支，它体现的是社会救助与经济发展水平之间的联系，其他则

[①] 由于我国自然灾害救助、住房救助和就业救助缺乏连续、有效的统计数据，故以上 3 项救助支出不在解释变量考虑的范围之内。

反映了社会救助在民政事业费支出、财政支出中的社会救助支出的水平。参考顾昕等（2007），本章对各地区在对象锁定、服务内容和筹资等方面的横向公平性进行了测量，选择了救助总支出中央地方比例（地方负担的社会救助支出/中央负担的社会救助支出），即地方政府的社会救助资金预算与中央政府的财政拨款来说明央地之间在资金筹集中的负担程度。社会救助资金的管理体现在对社会救助管理机构的运行支出数额方面，本章选取了受助人群人均管理成本（当年社会救助管理机构运行支出总额/救助总人数）作为资金的管理指标。

何明洁（2015）从基本生活、应急程度以及特殊需求3个方面定义社会救助。因此，本章选择了基本生活救助中各项人均支出额，包括城镇低保、农村低保、农村五保户供养和特困人员；在专项救助中，本章以"医疗救助""临时救助""教育救助"等人均占有量为主要社会救助资金中的资本投入的衡量标准。

总而言之，本章所构造的社会救助资金支出效率的评估指标体系具体见表6-1。

表6-1 社会救助资金支出效率的评估指标体系

变量	指标种类	指标层	计算方法（%）
因变量	总产出水平	社会救助力度系数（y）	人均救助支出额/（城镇居民可支配收入+农村居民纯收入社会救助）
解释变量	固定资产投入	救助类单位建设情况（x_1）	救助类单位总数/救助总人数
		城镇老年福利机构投入水平（x_2）	城镇老年福利机构床位/城镇低保人口
		农村五保机构投入水平（x_3）	农村五保机构床位/农村五保人口
		救助管理站投入水平（x_4）	救助管理站床位数/当地人口
	人力投入	民政部门救助类工作人员比（x_5）	救助类单位职工人数/民政行政机关职工人数

续表

变量	指标种类	指标层	计算方法（%）
解释变量	人力投入	社会救助工作人员素质（x_6）	拥有本科以上学历的工作人员人数/救助总人数①
		受助对象人均拥有工作人员量（x_7）	社会救助机构人数/救助总人数
	资本投入（资金的筹集、管理和分配）	当年当地社会救助总支出占当地GDP的比例（x_8）	当年当地社会救助总支出/当年GDP
		社会救助总支出占当年民政事业费的比例（x_9）	当年社会救助总支出/当年民政事业费
		救助总支出中央地方比例（x_{10}）	地方负担社会救助支出/中央负担社会救助支出②
		当年地方社会救助总支出占当地财政支出的比例（x_{11}）	当年社会救助总支出/当年财政支出
		当年地方社会救助支出占社会救助总支出的比例（x_{12}）	当年地方社会救助支出/社会救助总支出
		民政事业费占财政支出比例（x_{13}）	民政事业费/财政支出
		受助人群人均管理成本（x_{14}）	当年社会救助管理机构运行支出总额/当年救助总人数
		城镇最低生活保障人均支出额（x_{15}）	当年用于城镇最低生活保障支出总额/当年城镇低保人数
		农村最低生活保障人均支出额（x_{16}）	当年用于农村最低生活保障支出总额/当年农村低保人数
		农村五保户供养人均支出额（x_{17}）	当年用于农村五保户供养支出总额/当年农村五保户人数

---

① 为保证数据的统一性，以《中国民政统计年鉴》的统计口径为准，故救助总人数 = 城乡低保人数 + 特困人员人数（五保人数 + 城市三无救助人数）+ 医疗救助（2017年之后不包含该项）+ 临时救助 + 传统救济人数 + 生活无着落人员人数，是救助万人和万人次的合计。

② 中央和地方负担社会救助支出以《中国民政统计年鉴》当年预算安排的中央和全省社会救助资金为准。

续表

变量	指标种类	指标层	计算方法（%）
解释变量	资本投入（资金的筹集、管理和分配）	城市特困户人均支出额（x_{18}）	当年用于城市特困户救助支出总额/当年城市特困户人数
		医疗救助人均占有量（x_{19}）	当年用于医疗救助支出总额/当年救助总人数
		临时救助人均占有量（x_{20}）	当年用于临时救助支出总额/当年救助总人数
		教育救助人均占有量（x_{21}）	当年用于教育救助支出总额[①]/当年救助总人数

五 解释变量的筛选

主成分分析（principal component analysis，PCA）按降维的思路损失一定程度的数据资料，将较多的指标转换为较少的关键组成部分，其中每个主成分都是原始变量的线性组合，且并不相互关联。本节通过主成分因子分析对21个指标数据进行筛选，根据各因子方差贡献率筛选出具有实际意义及代表性的指标，删除了对评估结果影响较小的指标。本节运用STATA 17.0软件对数据进行标准化处理，检验P值显著性和KMO值，再进行主成分分析，其分析结果（以特征值大于1为标准）见表6-2。

表6-2 设计指标的主成分因子分析结果

Factor	Eigenvalue	Difference	Proportion	Cumulative
Factor1	8.494	5.055	0.405	0.405
Factor2	3.439	1.275	0.164	0.568
Factor3	2.164	0.454	0.103	0.671
Factor4	1.710	0.575	0.081	0.753
Factor5	1.135	0.152	0.054	0.807

---

① 教育救助＝助学金。

续表

Factor	Eigenvalue	Difference	Proportion	Cumulative
Factor6	0.983	0.264	0.047	0.854
Factor7	0.719	0.065	0.034	0.888
Factor8	0.655	0.285	0.031	0.919
Factor9	0.370	0.075	0.018	0.937
Factor10	0.294	0.057	0.014	0.951
Factor11	0.238	0.049	0.011	0.962
Factor12	0.188	0.033	0.009	0.971
Factor13	0.156	0.011	0.007	0.978
Factor14	0.145	0.059	0.007	0.985
Factor15	0.085	0.021	0.004	0.989
Factor16	0.065	0.009	0.003	0.992
Factor17	0.055	0.012	0.003	0.995
Factor18	0.043	0.013	0.002	0.997
Factor19	0.030	0.007	0.001	0.999
Factor20	0.023	0.014	0.001	1.000
Factor21	0.009	.	0.000	1.000

LR test：independent vs. saturated：chi2 (210) = 7140.33　Prob > chi2 = 0.0000。

在表6-2中，特征值（Eigenvalue）大于1且累计贡献率（Cumulative）达到80.7%共有5个因子，同时Prob > chi2 = 0.0000，KMO检验为0.796 > 0.6，说明该表有效，即可以将所选的21个指标合并成7个不同类型的因子。接下来，通过后续处理来分析这5个因子中分别包含了哪些指标，从而确定7个因子的类型和意义。

表6-3　各因子贡献率

Variable	Factor1	Factor2	Factor3	Factor4	Factor5	Uniqueness
mmx_x_1	0.650	0.631	0.036	-0.228	-0.077	0.120

续表

Variable	Factor1	Factor2	Factor3	Factor4	Factor5	Uniqueness
mmx_x_2	0.611	-0.459	-0.179	0.007	0.004	0.384
mmx_x_3	0.365	-0.290	0.707	0.013	0.271	0.209
mmx_x_4	0.427	0.078	0.720	0.229	0.196	0.202
mmx_x_5	0.132	0.716	0.103	-0.570	-0.023	0.134
mmx_x_6	0.741	0.623	0.084	-0.077	-0.101	0.040
mmx_x_7	0.556	0.723	0.056	-0.331	-0.094	0.047
mmx_x_8	-0.568	0.530	-0.055	0.418	0.310	0.122
mmx_x_9	-0.516	0.561	-0.488	0.050	0.212	0.133
mmx_x_{10}	-0.612	0.474	0.084	0.140	0.106	0.363
mmx_x_{11}	-0.737	0.502	-0.046	0.356	0.111	0.064
mmx_x_{12}	-0.485	0.067	-0.309	0.329	-0.343	0.439
mmx_x_{13}	-0.610	0.220	0.468	0.413	-0.024	0.189
mmx_x_{14}	0.703	0.309	0.234	0.326	-0.226	0.198
mmx_x_{15}	0.891	-0.001	-0.101	0.196	0.158	0.131
mmx_x_{16}	0.935	-0.026	-0.036	0.244	0.107	0.052
mmx_x_{17}	0.908	0.031	-0.161	0.275	0.035	0.072
mmx_x_{18}	-0.072	-0.007	0.069	0.226	-0.692	0.460
mmx_x_{19}	0.684	-0.119	-0.525	0.112	0.098	0.221
mmx_x_{20}	0.651	0.132	-0.392	0.216	0.284	0.277
mmx_x_{21}	0.713	0.248	0.010	0.415	-0.239	0.200

通过对 21 个指标进行主成分因子分析得到表 6-3，可以看出各个变量对各个因子的贡献率，即之前所提炼出来的 5 个因子分别包含哪些变量。综合考虑表 6-1、表 6-2 的结果以及指标的可得性、代表性，本节选取以下 9 个指标作为解释变量代入模型，最终指标见表 6-4。

表6-4 筛选后的指标

指标种类	筛选后的指标
固定资产投入	救助管理站投入水平（x_4）
人力投入	民政部门救助类工作人员比（x_5）
	受助对象人均拥有工作人员量（x_7）
资本投入	当年当地社会救助总支出占当地 GDP 的比例（x_8）
	当年地方社会救助支出占社会救助总支出的比例（x_{12}）
	城镇最低生活保障人均支出额（x_{15}）
	农村最低生活保障人均支出额（x_{16}）
	农村五保户供养人均支出额（x_{17}）
	城市特困人员救助人均支出额（x_{18}）

第三节 我国社会救助资金支出效率的实证分析

一 模型的设定

参数法的随机前沿分析法（Stochastic Frontier Production，SFA）有技术效率随时间变化的形式（time-invariant）与技术效率不随时间变化的形式（time-varying）两类。根据本书的研究设计，采用的数据类型是既包含截面维度 i，又涵盖时间维度 t 的省级平衡面板数据，因此采用贝特斯和科埃利（Battese & Coelli，1992）提供的模型，其具体形式为：

$$Y_{it} = X_{it}\beta + (V_{it} - U_{it}) \quad i = 1,2...N; t = 1,2...T \tag{2}$$

其中 Y_{it} 表示第 i 个省份第 t 年的产出量；X_{it} 表示第 i 个省份第 t 年的要素投入量。本节运用 Battese & Coelli 模型的基本原理，将经筛选后的因变量与解释变量引入柯布-道格拉斯（Cobb-Douglas）随机前沿生产函数模型，可表示为：

$$y_t = C_t K_t^\alpha L_t^\gamma F_t^\varepsilon \tag{3}$$

其中，K_t 代表第 t 年的资本存量，L_t 代表第 t 年的劳动力数量，F_t 表示

第 t 年的资产支出，对（3）式两边取对数代入（2）式，对我国各省市社会救助支出效率进行测算，得到以下随机前沿生产函数的具体模型：

Ln（总产出水平）= β_0 + β_1Ln（救助管理站投入水平）+ β_2Ln（民政部门救助类工作人员比）+ β_3Ln（受助对象人均拥有工作人员量）+ β_4Ln（当年当地社会救助总支出占当地 GDP 的比例）+ β_5Ln（当年地方社会救助支出占社会救助总支出的比例）+ β_6Ln（城镇最低生活保障人均支出额）+ β_7Ln（农村最低生活保障人均支出额）+ β_8Ln（农村五保户供养人均支出额）+ β_9Ln（城市特困人员救助人均支出额）+ $\mu - \nu$

二　数据截取

本章实证研究所有指标数据来源于《中国民政统计年鉴》《中国统计年鉴》《中国社会统计年鉴》《中国教育经费统计年鉴》。其中就业救助支出、住房救助支出、自然灾害生活救助支出①由于缺乏详细、系统的统计数据，所以不在考虑范围之内。本章所使用的样本数据截取自我国社会救助支出的相关统计数据，其中，由于沪、津、藏、青和琼 5 个省份的数据在某些年度出现了比较大的缺项，所以在计算时将这 5 个省份剔除，仅对剩余 26 个省市区进行了实证研究，即省域 i 为除港澳台之外的我国 26 个省、自治区、直辖市整体总支出共 32 个，样本期 t 为 2011—2022 年的 12 年跨度。需要指出的是，对于缺失数据，本章采用线性插值法进行替代处理，并且由于有的缺少 2018—2020 年的原始数据，故线性插值法可能会引起观察上的偏差，进而导致估算上的误差，但是，考虑到本章在研究设计上旨在兼顾对于 2011—2022 年社会救助资金支出效率的评估，因而仍将样本期选定为 2011—2022 年。

表 6-5 列出了主要指标的描述性统计。需要指出的是，在运用这些指标

---

① 注：由于《中国民政统计年鉴》无 2018—2020 年的自然灾害生活救助资金支出，且根据 2011—2017 年数据做线性插值法补充缺失值也无法有效反映资金支出特征，综合考虑之下本章剔除了该救助项目。

进行效率评估时，所有指标均需要取自然对数，而 x_5、x_7 都有 0 值，因此这些指标在取对数前将数据加了 1。

表 6-5 主要指标的描述性统计（对数）

指标	均值	中位数	标准差	最小值	最大值
救助管理站投入水平（x_4）	-5.019171	-5.028029	0.432115	-5.997277	-3.421654
民政部门救助类工作人员比（x_5）	1.973145	1.980301	0.992861	0.000000	4.990207
受助对象人均拥有工作人员量（x_7）	0.000001	0.000000	0.000001	0.000000	0.000011
当年当地社会救助总支出占当地 GDP 的比例（x_8）	-1.063621	-0.885395	0.742621	-2.877572	0.447212
当年地方社会救助支出占社会救助总支出的比例（x_{12}）	1.197265	1.320064	0.508453	-0.427828	1.953337
城镇最低生活保障人均支出额（x_{15}）	3.820435	3.829243	0.361264	3.145441	4.981751
农村最低生活保障人均支出额（x_{16}）	3.164653	3.119561	0.495973	2.261582	4.872811
农村五保户供养人均支出额（x_{17}）	3.869434	3.878271	0.610151	2.467625	5.824732
城市特困人员救助人均支出额（x_{18}）	4.427266	4.550655	1.131079	0.904304	9.301095

注：全样本的观测值为 260 个，即省域（i）26 × 样本期（t）10 = 260。

三 社会救助支出效率的测量

通过以上的数据筛选和数据截取的工作，以研究我国社会救助支出效率为目的进行效率评估实证研究，取对数做平滑处理后代入前述效率方程将各个有效数据带入模型，通过运用 STATA 17.0 对上述模型进行估计，得出了模型的各个参数及检验结果（见表 6-6），同时得出了我国各省份和全国不同地区在十年间社会救助支出效率水平（见表 6-7、表 6-8）。另外，虽然本章采用的数据类型是面板数据，但本章的研究设计是将所有样本数据作为同一时间截面数据分析，不考虑技术进步的影响，这是由于我国社会救助统计年份和样本量有限，且统计口径与内容随政策的变化呈现阶段性差异。所以为满足参数法对样本量的需求，将各年的社会救助支出数据作为同一时间截面数据处理。

为了进一步讨论社会救助资金支出效率的地区差异，我们在全样本回归的基础上，根据地理位置同时结合经济发展水平，将我国划分为东、中、西部地区。[①] 从各项诊断性指标上看，本章对随机前沿生产函数的变量设置对于东、中、西部地区分样本同样具有较强的解释力。

表6-6 参数值计算结果

y	Coef.	St. Err.	t-value	p-value	95% Conf	Interval	Sig
β_0	1.185	0.592	2.00	0.045	0.024	2.346	**
β_1	-0.176	0.083	-2.12	0.034	-0.338	-0.014	**
β_2	-0.053	0.054	-0.99	.323	-0.159	0.053	
β_3	120893.68	21888.282	5.52	0	77993.435	163793.92	***
β_4	-0.149	0.137	-1.09	0.274	-0.417	0.118	
β_5	0.281	0.081	3.46	0.001	0.122	0.441	***
β_6	-0.006	0.157	-0.04	0.971	-0.314	0.302	
β_7	0.618	0.155	3.98	0	0.313	0.922	***
β_8	-0.058	0.084	-0.68	0.494	-0.223	0.108	
β_9	0.004	0.017	0.21	0.831	-0.029	0.036	
s^2	0.1767251	0.1144504			—		
γ	0.6804513	0.2195916			—		
μ	0.302	0.276	1.10	0.273	-0.238	0.843	
η	0.026	0.015	1.75	0.08	-0.003	0.056	*
Mean dependent var		3.810		SD dependent var		0.442	
Number of obs		260		Chi-square		191.959	
Prob > chi2		0.000		Akaike crit. (AIC)		90.557	

注：*** $p<0.01$，** $p<0.05$，* $p<0.1$。

---

① 西部地区包括的省级行政区共12个，分别是川、重、贵、云、藏、陕、甘、青、宁、新、桂、蒙；中部地区有8个，分别是晋、吉、黑、皖、赣、豫、鄂、湘；东部地区覆盖了京、津、冀、辽、沪、苏、浙、鲁、粤、琼、闽11个。因为数据可获得性等的限制，删去了天津等地，故此处东、中、西部地区分别有8个、8个和10个省级行政区。

表6-7 我国各地区社会救助支出效率水平（2011—2022年）

地区	年份	2011	2012	2013	2014	2015	2016	2017	2018	2019	2020	2021	2022
东部地区	北京	0.3939840	0.4036436	0.4132806	0.4228890	0.4324630	0.4419971	0.4514861	0.4609248	0.4703083	0.4796320	0.4802884	0.4834096
	河北	0.5527977	0.5613672	0.5698434	0.5782236	0.5865061	0.5946887	0.6027696	0.6107472	0.6186202	0.6263871	0.6285848	0.6311974
	辽宁	0.8027380	0.8072867	0.8117450	0.8161139	0.8203946	0.8245882	0.8286958	0.8327187	0.8366580	0.8405149	0.8466305	0.8479345
	江苏	0.2830548	0.2925082	0.3020195	0.3115812	0.3211854	0.3308248	0.3404918	0.3501792	0.3598798	0.3695866	0.3698819	0.3731161
	浙江	0.2747483	0.2841450	0.2936066	0.3031253	0.3126934	0.3223032	0.3319472	0.3416180	0.3513083	0.3610109	0.3613124	0.3645439
	福建	0.4446483	0.4541142	0.4635287	0.4728871	0.4821848	0.4914173	0.5005807	0.5096709	0.5186841	0.5276169	0.5286573	0.5316528
	山东	0.4283657	0.4379111	0.4474137	0.4568685	0.4662704	0.4756146	0.4848967	0.4941124	0.5032576	0.5122283	0.5133228	0.5162729
	广东	0.4039400	0.4135743	0.4231798	0.4327509	0.4422821	0.4517679	0.4612034	0.4705836	0.4799039	0.4891599	0.4898825	0.4929821
中部地区	山西	0.7518375	0.7573896	0.7628396	0.7681884	0.7734366	0.7785853	0.7836354	0.7885879	0.7934439	0.7982042	0.8034120	0.8050200
	吉林	0.6681479	0.6751580	0.6820588	0.6888503	0.6955323	0.7021049	0.7085682	0.7149225	0.7211680	0.7273053	0.7311319	0.7332017
	黑龙江	0.9093681	0.9115815	0.9137446	0.9158582	0.9179235	0.9199412	0.9219124	0.9238380	0.9257189	0.9275559	0.9357043	0.9363264
	安徽	0.6227890	0.6304789	0.6380621	0.6455379	0.6529053	0.6601639	0.6673130	0.6743522	0.6812813	0.6881001	0.6912445	0.6935420
	江西	0.6966957	0.7032371	0.7096698	0.7159943	0.7222108	0.7283197	0.7343215	0.7402167	0.7460060	0.7516901	0.7559709	0.7578890
	河南	0.5393683	0.5480813	0.5567047	0.5652358	0.5736722	0.5820117	0.5902522	0.5983918	0.6064288	0.6143617	0.6163941	0.6190615
	湖北	0.5942841	0.6023580	0.6103294	0.6181968	0.6259588	0.6336144	0.6411624	0.6486021	0.6559328	0.6631538	0.6658962	0.6683276
	湖南	0.5438303	0.5524966	0.5610719	0.5695538	0.5779399	0.5862280	0.5944161	0.6025026	0.6104858	0.6183642	0.6204509	0.6231003

续表

地区/年份		2011	2012	2013	2014	2015	2016	2017	2018	2019	2020	2021	2022
西部地区	内蒙古	0.7339101	0.7397954	0.745576	0.7512522	0.7568248	0.7622947	0.7676625	0.7729293	0.7780958	0.7831631	0.7880627	0.7897739
	广西	0.6423007	0.6497082	0.6570073	0.6641977	0.6712788	0.6782501	0.6851116	0.6918631	0.6985047	0.7050363	0.7084680	0.7106697
	重庆	0.5026693	0.5117297	0.5207129	0.5296155	0.5384341	0.5471658	0.5558078	0.5643573	0.572812	0.5811694	0.5827796	0.5855870
	四川	0.5695941	0.5779724	0.5862530	0.5944341	0.6025138	0.6104905	0.6183627	0.6261293	0.6337889	0.6413407	0.6437530	0.6462942
	贵州	0.7379805	0.7437912	0.7494976	0.7551003	0.760600	0.7659977	0.7712941	0.7764902	0.7815868	0.7865850	0.7915540	0.7932419
	云南	0.5133061	0.5222728	0.5311583	0.5399594	0.5486733	0.5572970	0.565828	0.5742638	0.5826022	0.5908412	0.5925691	0.5953375
	陕西	0.9167618	0.9188032	0.9207976	0.9227462	0.9246497	0.9265091	0.9283252	0.9300990	0.9318312	0.9335228	0.9418177	0.9423906
	甘肃	0.8900080	0.8926660	0.8952649	0.8978058	0.9002898	0.9027178	0.905091	0.9074104	0.9096770	0.9118918	0.9196597	0.9204095
	宁夏	0.9416612	0.9431136	0.9445314	0.9459156	0.9472669	0.9485859	0.9498732	0.9511297	0.952356	0.9535527	0.9623461	0.9627516
	新疆	0.7495367	0.7551321	0.7606251	0.7660164	0.7713068	0.7764972	0.7815886	0.7865818	0.791478	0.7962781	0.8014460	0.8030674

从表 6-6 中可以看到，参数值 β_0、β_1 和 β_3、β_5、β_7 分别在 5% 和 1% 置信水平下都通过了显著性检验，只有少部分变量不显著，但是，这并不意味着我们所得到的效率的结论是没有价值的。如果 γ 的取值是合适的，并且排除了 $\gamma=0$ 的假设，那么就可以证明通过所构建的前沿生产函数得到的效率是可靠的，也就是说，这个模型在选择变量方面是基本适合的。$\gamma=0.6805$ 不显著且趋向 0，这表明了我国的社会救助支出理论上与现实中的不同，主要是由于技术非效率项造成的，并且这一数值也表明了在该方程中，随机因素所占误差项的比重是 31.95%，这一比例是比较低的；μ 值表明技术无效率值的分布集中于 0.302 的周围；η 值为正表明中国各地区的技术效率在 2011—2022 年呈现随时间发散的进步状态。

表 6-8 我国社会救助支出总体效率水平的描述性统计

	年份	均值	最小值	最大值	标准差
全国总体效率	2011	0.620	0.275	0.942	0.189
	2012	0.627	0.284	0.943	0.187
	2013	0.633	0.294	0.945	0.184
	2014	0.640	0.303	0.946	0.182
	2015	0.647	0.313	0.947	0.179
	2016	0.654	0.322	0.949	0.177
	2017	0.660	0.332	0.95	0.174
	2018	0.667	0.342	0.951	0.172
	2019	0.674	0.351	0.952	0.169
	2020	0.680	0.361	0.954	0.167
	2021	0.684	0.361	0.962	0.169
	2022	0.690	0.371	0.963	0.167
东部地区效率	2011	0.448	0.275	0.803	0.169
	2012	0.457	0.284	0.807	0.167
	2013	0.466	0.294	0.812	0.166
	2014	0.474	0.303	0.816	0.164

续表

	年份	均值	最小值	最大值	标准差
东部地区效率	2015	0.483	0.313	0.820	0.162
	2016	0.492	0.322	0.825	0.160
	2017	0.500	0.332	0.829	0.159
	2018	0.509	0.342	0.833	0.157
	2019	0.448	0.351	0.837	0.169
	2020	0.457	0.361	0.841	0.167
	2021	0.527	0.361	0.847	0.155
	2022	0.535	0.371	0.851	0.154
中部地区效率	2011	0.666	0.539	0.909	0.123
	2012	0.673	0.548	0.912	0.121
	2013	0.679	0.557	0.914	0.119
	2014	0.686	0.565	0.916	0.116
	2015	0.692	0.574	0.918	0.114
	2016	0.699	0.582	0.920	0.112
	2017	0.705	0.590	0.922	0.110
	2018	0.711	0.598	0.924	0.108
	2019	0.718	0.539	0.909	0.106
	2020	0.724	0.548	0.912	0.104
	2021	0.728	0.616	0.935	0.106
	2022	0.734	0.624	0.937	0.104
西部地区效率	2011	0.720	0.503	0.942	0.162
	2012	0.725	0.512	0.943	0.159
	2013	0.731	0.521	0.945	0.157
	2014	0.737	0.530	0.946	0.154
	2015	0.742	0.538	0.947	0.151
	2016	0.748	0.547	0.949	0.148
	2017	0.753	0.556	0.950	0.146

续表

	年份	均值	最小值	最大值	标准差
西部地区效率	2018	0.758	0.564	0.951	0.143
	2019	0.763	0.573	0.952	0.140
	2020	0.768	0.581	0.954	0.138
	2021	0.773	0.583	0.962	0.140
	2022	0.778	0.591	0.963	0.138

第四节 社会救助支出产出效率结果及原因分析

一 我国社会救助支出实证结果分析

（一）从全国的角度进行分析

从表6-8中可以看出2011—2022年，社会救助资金的整体效率呈上升趋势。2012年我国社会救助资金的总体支出效率为58%，到2022年社会救助资金的总体支出效率为65%，10年间平均效率提升了7个百分点，增长的速率相对平缓。这说明我国在不增加固定资产、人力投入和资金投入的情况下，社会救助的运行效率提高还是比较缓慢的，只有持续调整资金使用规模及领域，才能进一步改善我国社会救助资金的支出效率。

（二）从地区间的角度进行分析

图6-1为我国划分为东中西部地区后，各地区的救助支出效率比较。整体上三个区域的救助支出效率都呈现出增加的态势，然而，在2019年东、中两个区域都呈现出效率下滑的态势。从每个区域的角度来观察，与东部地区相比，西部地区表现出1.5—2倍的优势，而中西部地区2011—2018年的社会救助支出效率差别并不显著，但是2019—2022年的差别被扩大。

图 6-1 我国 2011—2022 年社会救助支出效率地区比较

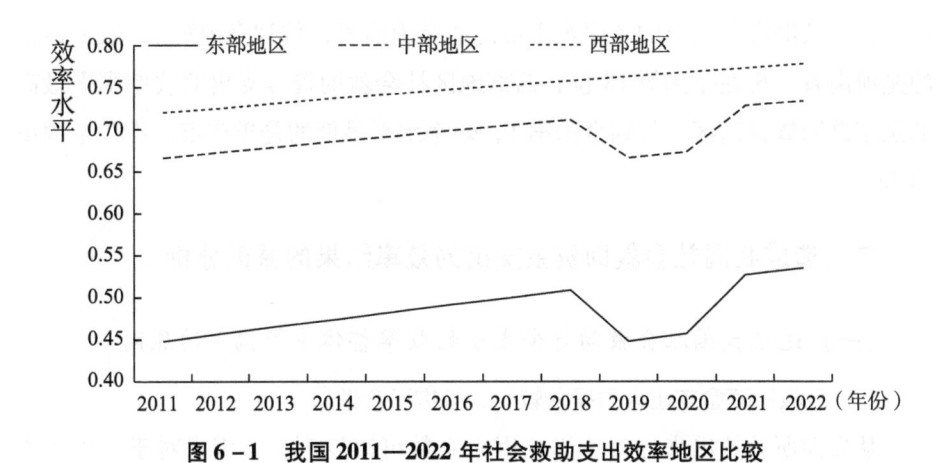

（三）从各省市间的角度进行分析

从图 6-1 中可知，2011—2020 年各省的社会救助资金支出效率总体上呈现出一种递增的态势；就单个省而言，最高的社会救助资金支出效率分别是宁、陕、黑、甘、辽等，10 年来都维持在 0.9 以上。然而，像江、浙这样的省份，其资金支出效率却比较低，低于 0.37 的标准。表 6-9 列出了各个省份的社会救助资金支出效率。

表 6-9　2011—2022 年各省（自治区、直辖市）社会救助资金支出效率排名（位）

省份	排名	省份	排名	省份	排名	省份	排名
宁夏	1	陕西	2	黑龙江	3	甘肃	4
辽宁	5	山西	6	新疆	7	贵州	8
内蒙古	9	江西	10	吉林	11	广西	12
安徽	13	湖北	14	四川	15	河北	16
湖南	17	河南	18	云南	19	重庆	20
福建	21	山东	22	广东	23	北京	24
江苏	25	浙江	26				

数据来源：依据 2011—2020 年社会救助资金平均支出效率绘制。

从各个区域来看，到 2020 年东部地区社会救助资金支出的效率水平最高的是辽宁省，位列全国第 5；效率最低的是浙江省，排在全国第 26 位；中部地区社会救助资金支出的效率水平最高的是山西省，位列全国第6，效率最低的是河南省，排在全国第18位；西部地区社会救助资金支出的效率水平最高的是宁夏回族自治区，位列全国第1，效率水平最低的是重庆市，排在全国第20位。

二 造成我国社会救助资金支出的效率结果的原因分析

（一）造成我国社会救助资金支出的效率整体中等偏下的原因

1. 社会救助资金支出人力投入较少，结构不合理

从先前所计算出来的每个影响因素系数可以发现，各因素对于产出的作用都是比较均衡的，而在这些影响系数当中，$β_3$ 和 $β_7$ 的数值都比其他的系数高很多，分别为 $β_3 = 120893.6$ 表示受助对象人均拥有工作人员量每增长1% 可促进社会救助资金支出效率增长 12089360%；$β_7 = 0.618$ 表示农村最低生活保障人均支出额每增长1% 即可促进救助资金支出总效率增长 61.8%，而这两个指标能够表现人力资本和资金分配的状况，也就是说当前情况下，增加人力投入能大大提高我国社会救助资金支出效率，以及合理分配社会救助资金结构能够有效提升社会救助资金总产出水平。结合我国当前的实际看，随着我国社会救助体系的不断完善，在相关救助服务机构的管理上仍有所欠缺。虽然每年受助对象人均拥有工作量都在递增，但救助机构工作人员人数仍然很少，这是影响社会救助资金支出效率的主要原因。而农村最低生活保障人均支出额呈现递减的趋势，即在社会救助资金总额递增的情况下，分配在农村低保的支出额却在减少，这一现象体现了我国社会救助资金支出的问题在于救助工作人员较少且结构上对农村低保支出额的分配不合理。

2. 部分救助项目支出效率低下，救助管理成本较高

在所有投入变量的系数中，可以看出 $β_1$、$β_2$、$β_4$、$β_6$、$β_8$ 的值为负，说明该指标与效率成反比关系，即这些支出的增多会降低社会救助资金支出效率。5项系数对应的救助项目为救助管理站投入水平、民政部门救助类工作人员比、当年社会救助总支出占 GDP 的比例、城镇最低生活保障人均支出额和农村五保户供养人均支出。

救助管理站投入水平与社会救助资金支出效率水平成反比,即投入资金建设越多数量的救助管理站越影响总体社会救助资金支出的效率,也可以说现如今救助管理站的数量对于收容流浪乞讨人员已呈现饱和状态,无须建设更多的救助管理站,相应地应该将资金投入到更多与效率水平成正比的影响因素上来。

而民政部门救助类工作人员比说明了需要尽可能地减少花费在行政管理成本的费用,增加民政行政机关职工人数对提高社会救助资金支出效率并无益处。特别需要说明的是,前文提到增加人力投入能大大提高我国社会救助资金支出效率,即增加救助机构工作人员的数量与资金效率成正比,反而增加民政部门救助类工作人员并不能起到积极作用,这意味着行政效率上应尽量删减行政人员的支出,人数上以精简为主。

如果当年社会救助总支出占 GDP 的比例成反比也就意味着现如今简单地增加社会救助总支出并无多大作用,更需要的是合理分配救助总资金在各个项目上的配置,且由于社会救助资金总水平占比 GDP 总额也还比较低,救助资金的支出总额还有进一步提升的空间。

从结构层面来看,城镇低保是社会救助资金的主要支出项目之一,每年支出的大部分都用在了对城镇低保人员的申报、审核、公示和调解等方面,导致资金分散,真正将资金用在受助对象上的却占小部分,无效支出部分过多;在乡村五保户的问题上,它属于乡村中的特殊贫困群体,因此对这一类人的救助的范围比较广,需要支付的费用也比较多,而且相关的部门众多,会出现职责交叉的地方,对其监管比较杂乱,从而导致了高管理成本,限制了社会救助资金的有效利用。目前,我国民政费用有限,若不能很好地使用这些经费,势必会妨碍其他救济经费的发展。因此,如何提升这部分救助项目支出效率,从而减少救助的管理费用,对于提高我国的社会救助资金支出效率具有很大的影响。

(二) 造成我国社会救助支出效率地区差异的原因

城镇特困户人均支出额的区域差别是导致我国社会救助资金效率地区差异的重要因素。基于前文的分析可以看出,我国社会救助资金支出效率地区差异大,西部地区的效率遥遥领先,其次是中部地区,而东部地区较低,特别对比西部地区中宁夏、陕西、甘肃三省份的社会救助支出效率。在对比地区各项指标后发现,东中西部地区很多指标的平均值差别并不大,但城镇特困户人均支出额的指标,西部地区明显高于中部和东部地区。造成我国东中西部地区社会救助资金支出地区差异的主要原因在于城镇特困户人均支出额,虽然每年有波动,但东中西部地区的差距明显,根据前文所得的系数看,城镇特困户人均支出额的提升对于提高城市贫困家庭的生活质量仍然具有重要的意义。为此,必须重视城市特别贫困群体的生存状况,加强对他们的特殊帮扶,提高特困救助水平是缩小地区差异和弥补我国城乡差别的一个重要方面。

(三) 我国个别省市社会救助资金支出的效率极高的原因

本节认为造成我国个别省份社会救助资金支出的效率极高的主要原因是救助管理站投入水平差异较大。通过对全国 26 个省市 2011—2022 年社会救助资金支出效率的排序,我们可以发现宁、陕、黑、甘 4 省份的社会救助资金支出的效率始终居于前列,均超过了 90%。将不同区域的平均指标与东中西部地区进行比较,发现差距最大的一项指标是救助管理站投入水平,见图 6-2。

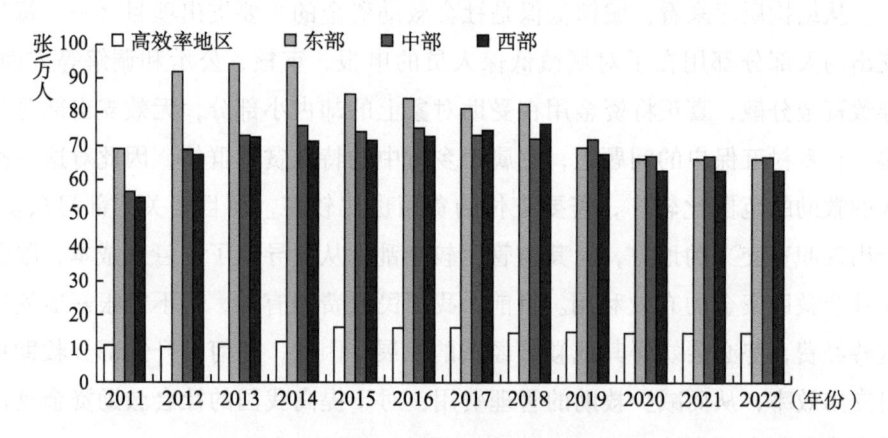

图 6-2 高效率省市和其他地区救助管理站投入水平

数据来源:据 2011—2022 年《中国民政统计年鉴》整理。

通过图 6-2 可以发现,高效率省份的救助管理站投入水平明显比其他地区低,仅仅是 20%—30%,救助管理站投入水平巨大的差距是造成这 5 个省份效率高的重要原因。由于 $\beta_8 = -0.176$,系数为负值且数值较大,即该项救助管理站投入水平稍微大一些便会缩减大部分效率，故东部地区在救助管理站投入水平这一指标上远高于其他地区，导致总效率水平的降低。因此，各个省份减少对救助管理站的投资，是提升其自身社会救助资金支出效率的一个主要方法。

第七章 我国社会救助水平提升的财政负担分析

第一节 社会救助支出情况

社会救助作为公共政策的一种，其执行离不开公共财政的支持。社会救助一直是政府的重要职能，在城乡困难群众救助中，救助资金纳入了中央与地方财政预算。《国务院关于在全国建立农村最低生活保障制度的通知》（国发〔2007〕19号）明确要求："各地要从当地农村经济社会发展水平和财力状况的实际出发，合理确定保障标准和对象范围。"社会救助水平的提高依赖于政府财力的有力支撑，不能只强调提高其保障水平而忽略给财政支出带来的压力。政府在实践中应用ELES模型测算的救助水平需要全方位考虑群众需求、财政实力等多因素的影响。财政负担水平是衡量一国或地区财政运行情况的重要指标，将关系到社会救助水平是否适度、财政负担机制是否合理、制度是否具有持续性等关键性问题。现有研究中关于财政负担水平的测算主要有五种：一是某类别财政支出与财政总支出的比例关系；二是财政支出与财政收入之差；三是财政支出与财政收入之差占GDP的比重；四是财政支出与财政收入的比值；五是财政支出与财政收入之差占财政收入比重。理论上，财政支出用于社会救助支出的规模存在限度问题，过多或过少都可能导致社会救助"兜底安全网"的作用不能充分发挥，要么产生社会救助过度支出风险，影响制度的可持续性，要么使困难群众基本生活受影响，不能公平地享受经济发展成果。在以往的研究中，大多数学者采用财政适度负担系数评估财政负担能力。因此，对社会救助的财政适度负担水平进行测算至关重要。基于此，借鉴以往的研究，在前文社会救助测算水平的基础上，本章建立财政负担系数模型与财政适度负担系数模型，对社会救助财政负担的压力进行量化分析，以期为提升我国社会救助水平提供有意义的参考。

一 社会救助支出中央与地方责任承担情况

（一）中央专项转移支付

随着社会救助制度的发展与完善，中央财政对社会救助支出承担的比重逐年提高，以地方为主导的筹资模式发生转变，为实现公共服务均等化，促进区域平等发展，财政转移支付力度向经济发展相对落后的偏远地区倾斜。根据图 7-1 数据显示，2022 年，中央向全国 31 个省份专项转移支付困难群众救助补助资金共计 1546.8 亿元，2017 年为 1326.6 亿元，增长了 16.6%。具体来看，2017—2020 年我国城乡困难群众救助补助资金中央专项转移支付呈波动上升趋势；显而易见，2021 年开始呈现大幅度下滑，从 2020 年的 1637.8 亿元下降至 1473.2 亿元，同比下降 10.0%，很大程度上受困难群众人数减少的影响而下降；2022 年为 1546.8 亿元，同比上升了 5%，表明随着经济形势的好转和巩固脱贫攻坚成果工作的不断深入，中央对困难群众救助补助资金的专项拨款稳中有增。

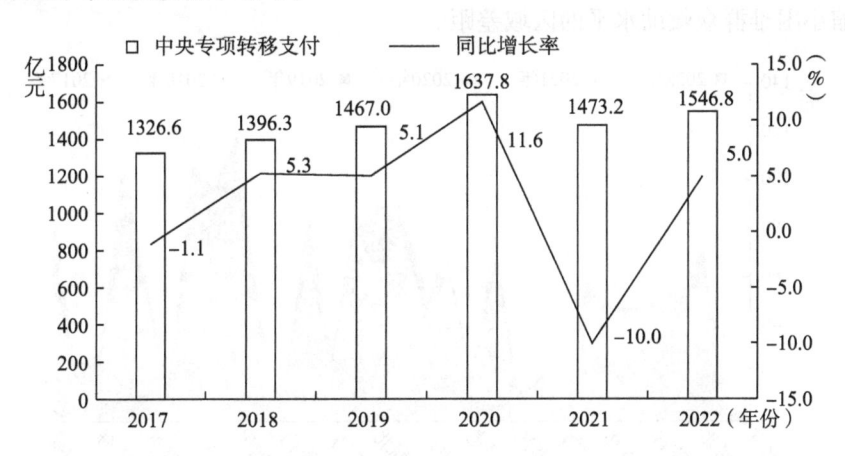

图 7-1　2017—2022 年城乡困难群众救助补助资金中央专项转移支付情况①

---

① 注：自 2017 年开始，孤儿、低保、五保、临时救助资金合并为城乡困难群众救助补助资金下达地方。

《中央财政困难群众救助补助资金管理办法》(财社〔2017〕58号)中明确规定"困难群众救助补助资金按照因素法分配,在参考地方困难群众救助需求、地方财政困难程度、工作绩效等因素的基础上分配资金"。如图7-2所示,从向各个省份下达的困难群众救助补助专项资金来看,中央对北京、天津、上海、江苏、浙江、福建、广东、海南、西藏、青海、宁夏等地方的专项拨款规模较小,原因是北京、天津、上海等东部沿海地区经济较发达,财政收入能力强,因此中央对其的拨款较少;西藏、青海、宁夏等西部地区人口规模小,因此对这些地区的困难群众救助专项拨款规模也较小,充分体现了中央按照地区经济发展水平、财政收入能力、人口规模等客观因素确定财政转移支付规模的客观公平原则。对辽宁、吉林等东北地区,对山西、河南、湖北、湖南、江西等中部地区,对四川、贵州、云南、甘肃、新疆等西部地区安排的困难群众救助财政转移支付规模更大,特别是对云南、四川、甘肃等经济相对落后的西部地区财政投入强度持续加大,充分体现了我国财政转移支付优先向经济相对落后地区倾斜的原则,加大对经济欠发达地区的财政支持力度,确保各地区在社会救助财政资源分配中享有公平的机会,逐渐缩小困难群众救助水平的区域差距。

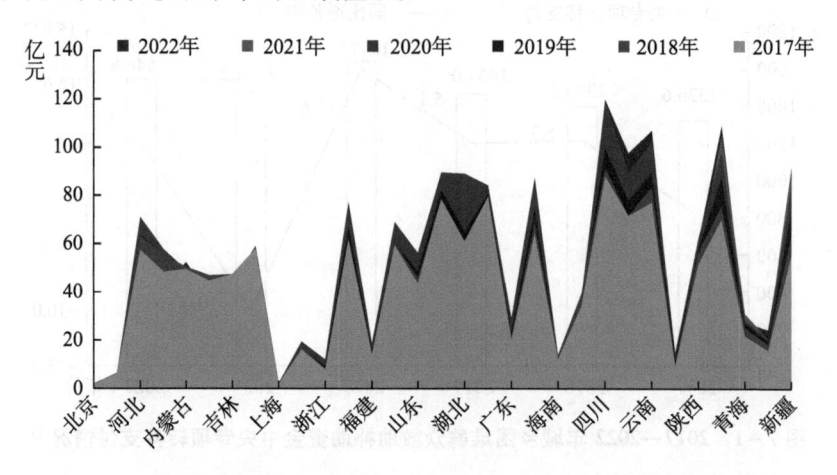

图7-2 2017—2022年中央向地方转移城乡困难群众救助专项资金情况

资料来源:历年《中国民政统计年鉴》。

(二) 地方财政支出

根据图 7-3 可以看出，各省社会救助财政支出规模存在显著差异，大部分省份在 2017—2022 年呈现逐年递减的趋势，这种差异可能是直接导致社会救助保障能力非均等化的结果。除青海、宁夏外，北京、天津、上海、福建、海南、西藏等东部地区财政支出规模小，但最低生活保障标准较高，主要是与该地区需要救助的人数较少有关。反观河北、安徽、江西、山东、湖北、湖南、云南、河南、广西、广东、四川、贵州、甘肃、新疆等少部分东部地区和大部分中西部地区，社会救助财政支出规模较大，特别是四川省社会救助财政支出规模最大，在 2020 年达到巅峰，为 189.1 亿元，但最低生活标准不高且城乡最低生活保障标准差异较大，与这些地区偏远、困难群众人数较多有直接关系。通过观察社会救助地方财政支出数据与中央转移支付数据可以发现，地方财政支出规模越大的省份，中央对其转移支付的规模也越大，中央对地方的专项转移支付与地方财政支出呈现明显的正相关关系。在不同地区间经济发展、人口数量差距较大的情况下，促进社会救助服务的均衡依赖于中央转移支付力度的大小。

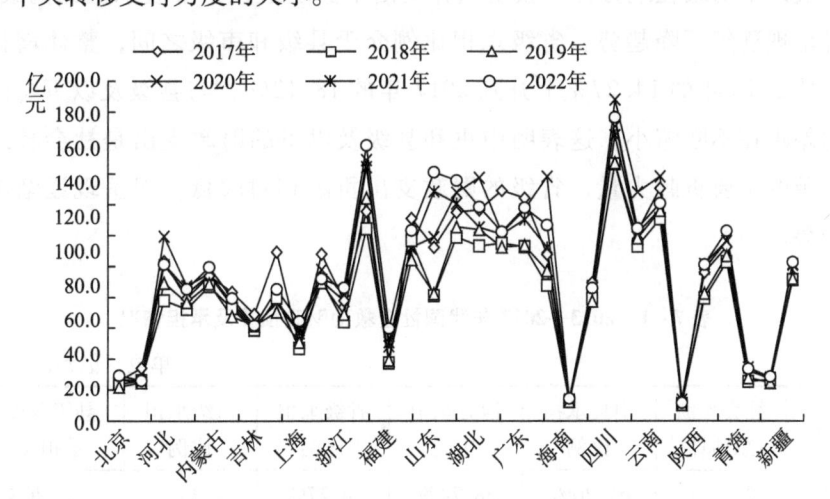

图 7-3　2017—2022 年地方社会救助财政支出情况

资料来源：历年《中国民政统计年鉴》。

(三) 中央与地方责任承担情况

2018年国务院颁布的《基本公共服务领域中央与地方共同财政事权和支出责任划分改革方案》中明确指出社会救助的中央与地方财政责任由地方结合实际制定标准。贯穿于中央与地方的财政关系的社会救助支出责任既体现在财政支出层面的事权,也反映于不同层级政府财政承担的数量上。

由于实际支出数据无法区分中央和地方分摊比例,因此在这里采用社会救助预算安排支出数据进行分析。以2017年为分界点,在2017年之前,《中国民政统计年鉴》将社会救助预算安排为中央和全省安排的财政预算,其中全省安排的预算分为省级、市级和县级及以下三类,2017年以后民政统计年鉴不再细分社会救助各级预算安排,因此,本章选取2017年往前五年的数据进行分析。表7-1呈现了2013—2017年我国社会救助财政预算及承担情况。统计数据显示,2013—2017年社会救助预算支出呈不断上升趋势,中央承担比例平均在58.9%左右,地方承担比例在41.1%左右,表明社会救助持续运行主要依靠中央财政的大力支持。从地方财政预算安排分摊情况来看,县级及以下财政在地方社会救助预算支出中贡献最大,市级承担比例最小,而且呈现逐年下降趋势,省级承担比例介于县级和市级之间,整体增长明显,从2013年的14.27%上升到2017年的18.12%,与县级及以下财政支出的差距在不断缩小,这表明中央和县级及以下的财政支出是社会救助资金来源的主要贡献力量,省级的财政支出贡献相对较低,但呈现逐渐增加的趋势。

表7-1 2013—2017年我国社会救助财政预算及承担情况

单位:亿元;%

年份	社会救助总预算	中央承担比例	地方承担比例	省级承担比例	市级承担比例	县级及以下承担比例
2013	2196.4	61.26%	38.74%	14.27%	4.28%	20.20%
2014	2244.0	58.32%	41.68%	15.23%	4.19%	22.26%
2015	2413.9	57.57%	42.43%	18.10%	3.70%	20.63%
2016	2574.4	60.81%	39.19%	16.62%	3.70%	18.87%

续表

年份	社会救助总预算	中央承担比例	地方承担比例	省级承担比例	市级承担比例	县级及以下承担比例
2017	2626.3	56.41%	43.59%	18.12%	3.80%	21.67%

资料来源：根据历年《民政统计年鉴》数据计算得出。

从表 7-2 最低生活保障财政预算规模来看，最低生活保障预算支出规模呈现先增加后减少的趋势，这与我国脱贫战略的实施密切相关，低保人数不断减少是影响预算的主要因素。从各级政府的预算安排来看，中央承担比例在 60%—70%，且几乎为地方财政支出的 2 倍，是最低生活保障资金来源的主要承担者；地方承担比例在 30%—40%，具体来看，省级与县级及以下财政最低生活保障承担责任相当，省级承担比例平均为 14% 左右，县级及以下承担比例平均为 15% 左右，而市级最低生活保障支出责任最小，占比不到 4%，且随着 "省管县" 制度的不断推行，地市级财政能力存在被减弱的态势，因此省级和县级及以下财政是最低生活保障地方财政预算支出的主要贡献力量。综上可以看出，财政支出占据社会救助支出的主导地位，是社会救助支出的主要来源，很大程度上决定了社会救助资金的规模，基本形成了以中央财政投入为主导、以地方财政投入为补充的社会救助财政模式。

表 7-2 2013—2017 年我国最低生活保障财政预算及承担情况

单位：亿元；%

年份	最低生活保障总预算	中央承担比例	地方承担比例	省级承担比例	市级承担比例	县级及以下承担比例
2013	1661.5	69.98%	30.02%	12.18%	3.91%	13.94%
2014	1636.5	67.16%	32.84%	13.01%	3.68%	16.15%
2015	1749.8	67.23%	32.77%	15.67%	3.01%	14.09%
2016	1842.7	69.56%	30.44%	14.43%	2.93%	13.07%
2017	1657.2	62.93%	37.07%	15.91%	3.18%	17.99%

数据来源：根据历年《民政统计年鉴》数据计算得出。

第二节 社会救助财政负担测算

一 测算模型

（一）财政负担系数模型

社会救助待遇充足性和财务可持续性取决于财政资金能否对其持续足额投入，即财政对社会救助支出是否在其承受范围内。本节借鉴已有研究做法，将财政负担规模占财政收入的比重定义为"财政负担系数"，以此反映社会救助财政负担情况：

$$F_g = \frac{S_g}{I_g} \tag{5}$$

$$S_g = AL_t \times N_t \tag{6}$$

其中，F_g 为政府社会救助负担系数；S_g 为社会救助财政负担规模；I_g 为当年国家或地区财政收入；AL 为社会救助水平（测算值）；N 为低保救助人数，t 为时间。由式（1）可知，F_g 值越大，说明一个国家或地区的社会救助负担压力越大；反之，F_g 值越小，则说明一个国家或地区的社会救助负担压力越小。

（二）财政适度负担系数模型

根据有限财政理论，在国家财政支出总量不变的情况下，财政对社会救助支出有其限度，因此存在财政适度负担系数。若财政实际负担系数大于适度负担系数，表明财政负担能力较弱，将会导致社会救助水平替代率不能达到目标或挤占财政对其他领域的支出；反之，则表明财政负担能力较强。可见，评判财政负担能力的关键在于合理确定财政适度负担系数。

社会救助作为社会保障项目体系之一，其所需的财政支出构成了社会保障支出的重要部分。借鉴边恕和孙雅娜（2015）、景鹏等（2018）等在城乡基本养老保险领域的研究，t 年社会救助财政适度负担系数 γ_t 由 t 年社会保障支出占财政支出的占比 S_t、t 年社会救助财政支出占财政社会保障支出的比重

ρ_t、t 年最低生活救助待遇领取人数 I_t 占社会救助待遇领取人数（包括最低生活保障救助人数和非最低生活保障救助人数）G_t 的比重三个指标构成，表示为：

$$\gamma_t = S_t \times \rho_t \times (I_t / G_t) \tag{3}$$

在测算出社会救助财政实际负担系数之后，将之与社会救助财政适度负担系数作比较，以此评判财政是否具备支持城乡社会救助待遇提高至适度水平的能力。

二 不同层次测算水平下的财政负担规模

想要从财政负担能力方面分析基于测算水平提高我国社会救助保障水平的可行性，首先要知道按照不同层次社会救助水平测算值给付的基础上，政府需要承担的社会救助需求资金是多少，即财政负担规模的大小。通过文献阅读可知，社会救助制度的财政负担规模主要由制度保障人数和每个人的给付水平两个因素决定。根据现行的低保保障标准、实际支出、前文测算的城乡社会救助三层次水平理论值和2017—2022年城乡最低生活保障救助人数，代入公式（2）分别得出城市和农村现行社会救助与不同层次测算水平的财政负担规模，如表7-3、表7-4所示。

根据表7-3数据显示，2017—2022年，现行标准下城市社会救助负担规模在持续减小，从2017年的818.0亿元减少到2022年的616.0亿元，降低了24.7%；农村社会救助财政负担规模则与城市相反，从2017年的1739.7亿元增加到2022年的2339.8亿元，增加了34.5%，反映出农村相较于城市财政负担规模较大。实践中，我国实施的低保救助采取差额救助，最高补差水平即低保标准水平。2017—2022年的最低生活保障实际支出财政负担规模与现行标准负担规模发展趋势一致，城市最低生活保障实际支出规模从2017年的640.5亿元减少到2022年的483.3亿元，减少了24.5%；农村最低生活保障支出从2017年的1051.8亿元增加到2022年的1463.6亿元，增加了39.2%，表明近年来国家将农村低保作为重点，不断提高农村保障水平，缩小城乡差距，加快实现城乡低保标准一体化发展。

2017年城市两者差值为177.5亿元，2022年为133.3亿元，整体来看，城市最低生活保障现行标准与实际支出财政负担规模差距在减小；2017年农村两者差值为687.9亿元，2022年为876.2亿元，数据显示农村现行标准与实际支出的负担规模差距在不断增加，表明实际上农村的补差水平较低，不及城市的补差水平。

表7-3 现行最低生活保障财政负担规模

单位：亿元

年份	现行标准财政负担规模		实际支出财政负担规模		两者差值	
	城市	农村	城市	农村	城市	农村
2017	818.0	1739.7	640.5	1051.8	177.5	687.9
2018	700.5	1700.9	575.2	1056.9	125.3	644.0
2019	644.6	1843.6	519.5	1127.2	125.1	716.4
2020	654.6	2158.9	537.3	1426.3	117.3	732.5
2021	629.8	2210.5	484.1	1349.0	145.7	861.5
2022	616.0	2339.8	483.3	1463.6	133.3	876.2

数据来源：根据历年《中国民政统计年鉴》整理和计算所得。

表7-4呈现了不同层次测算水平下的社会救助财政负担规模。纵向来看，随着时间的推移，财政负担规模在动态变化。温饱型水平层次下，城市社会救助财政负担规模从2017年的568.7亿元降低到2022年的363.3亿元，减少了205.4亿元，同期内农村社会救助财政负担规模从674.7亿元增加到967.5亿元，增加了292.8亿元；基本型水平层次下，城市社会救助财政负担规模在2017—2022年从917.2亿元减少至675.4亿元，降低了241.8亿元，农村社会救助财政负担规模从1794.6亿元增加到2488.1亿元，增加了693.5亿元；发展型水平层次下，城市社会救助财政负担规模从2017年的1327.1亿元缩减到2022年的945.6亿元，减少了381.5亿元，同期农村社会救助财政负担从2828.1亿元增长至3779.2亿元，增长了951.1亿元，可以看出农村社会救助财政负担规模的增加幅度大于城市财政负担规模减小的幅度。横向来看，随着社会救助水平层次的提高，财政负

担规模也在不断加大。2017年，城市温饱型、基本型、发展型社会救助财政负担规模分别为568.7亿元、917.2亿元、1327.1亿元，农村分别为674.7亿元、1794.6亿元、2828.1亿元，城市发展型社会救助财政负担规模分别比温饱型、基本型社会救助财政负担规模高出758.4亿元、409.9亿元，农村发展型社会救助财政负担规模分别高出2153.3亿元、1033.5亿元。2022年城市温饱型、基本型、发展型社会救助财政负担规模分别为363.3亿元、675.4亿元、945.6亿元，农村分别为967.5亿元、2488.1亿元、3779.2亿元，城市发展型社会救助财政负担规模分别比温饱型、基本型社会救助财政负担规模高出582.3亿元、270.1亿元，农村发展型社会救助财政负担规模分别高出2811.7亿元、1291.1亿元。2022年相较于2017年，城市发展型社会救助财政负担规模与温饱型、基本型社会救助财政负担规模的差距均在缩小，农村发展型社会救助财政负担规模与温饱型、基本型社会救助财政负担规模差距在增加。综上所述，不同时期不同层次水平下的社会救助财政负担规模均不同，呈现出动态发展趋势，因此，在考虑调整社会救助水平时，需要考虑与同期的财政收入规模是否适配。

表7-4 不同层次测算水平下的社会救助财政负担规模

单位：亿元

年份	温饱型财政负担规模		基本型财政负担规模		发展型财政负担规模	
	城市	农村	城市	农村	城市	农村
2017	568.7	674.7	917.2	1794.6	1327.1	2828.1
2018	457.7	690.0	785.9	1844.6	1176.3	2913.4
2019	434.1	664.7	760.9	1859.3	1111.8	3037.3
2020	416.3	979.8	732.6	2277.2	1073.9	3423.0
2021	383.9	982.3	694.8	2457.9	1015.9	3816.3
2022	363.3	967.5	675.4	2488.1	945.6	3779.2

数据来源：根据表5-9数据，与历年社会救助人数计算所得。

三 测算结果

（一）财政负担水平

通过历年《中国统计年鉴》财政收入相关数据，结合表7-3、表7-4测算的社会救助财政负担规模数据，代入公式（1），可测算出2017—2022年社会救助财政负担系数。表7-5呈现了城乡不同层次社会救助水平下的财政负担系数测算结果。通过观察表中数据可知，2017—2022年，城市实际救助支出财政负担系数总体上呈现下降的趋势，农村实际救助支出财政负担系数呈现波动变化的趋势，2017年城市、农村实际财政负担系数分别为0.37%、0.61%，2022年城市、农村实际财政负担系数分别为0.24%、0.72%，相较于2017年，实际财政负担系数分别增长了-0.35%、0.18%，表明城市政府社会救助实际财政负担水平呈下降趋势，2021—2022年稳定在0.24%；农村实际财政负担水平6年间增长了0.18%，增长速度较慢。温饱型救助水平层次下，同一时期内，城市财政负担系数在0.24%—0.37%，农村财政负担系数在0.58%—0.78%，无论是城市还是农村，社会救助财政负担水平均在实际救助支出财政负担水平之下，表明温饱型救助水平不会给财政带来任何压力，实际的救助财政支出能够满足困难群众温饱型层次水平需求。基本型救助水平层次下，城市财政负担系数在0.33%—0.53%，农村财政负担系数在0.98%—1.24%，相对于实际救助支出财政负担系数略有提高。发展型救助水平层次下，2017—2022年，城市发展型救助财政负担系数逐渐降低，与实际救助支出财政负担系数差距分别为0.40%、0.33%、0.31%、0.29%、0.26%、0.23%；农村发展型救助财政负担系数呈现出波动上升趋势，与实际救助支出财政负担系数差距分别为1.03%、1.01%、1.01%、1.09%、1.22%、1.14%，这表明政府对城市救助平均增加0.3%的负担，对农村平均增加1.1%的负担，可以满足城乡困难群众在基本生存需要基础上的更高需求。综上所述，城市救助财政负担水平呈现缓慢下降的趋势，农村救助财政负担水平呈现波动上升的趋势；对于不同层次救助水平而言，城乡温饱型救助财政负担压力较小，基本型救助财政负担压力次之，发展型救助水平财政负担压力相对较高；将社会救助水平提升至发展型水平，财政对于农村社会救助的财政负担水平明显高于城市。

表7-5 2017—2022年城乡社会救助水平财政负担系数

单位：%

年份	实际救助支出财政负担系数（F_{g0}）		温饱型救助水平财政负担系数（F_{g1}）		基本型救助水平财政负担系数（F_{g2}）		发展型救助水平财政负担系数（F_{g3}）	
	城市	农村	城市	农村	城市	农村	城市	农村
2017	0.37	0.61	0.33	0.39	0.53	1.04	0.77	1.64
2018	0.31	0.58	0.25	0.38	0.43	1.01	0.64	1.59
2019	0.27	0.59	0.23	0.35	0.40	0.98	0.58	1.60
2020	0.29	0.78	0.23	0.54	0.40	1.24	0.59	1.87
2021	0.24	0.67	0.19	0.48	0.34	1.21	0.50	1.88
2022	0.24	0.72	0.18	0.48	0.33	1.22	0.46	1.86

数据来源：根据表7-3、表7-4及《中国统计年鉴》计算所得。

不同水平层次下的社会救助整体财政负担系数如表7-6所示。2017—2022年实际救助整体支出财政负担系数呈现出缓慢增长的变化趋势，2020年达到最高后开始下降，与社会救助助力脱贫攻坚的实际发展趋势相符。观察不同层次水平的财政负担系数的变化，从温饱型救助水平层次来看，整体财政负担系数在0.58%—0.76%，同一时期内，均低于实际救助支出财政负担系数，表明我国目前的实际救助支出财政负担下，能够满足城乡困难群众最低层次的保障需求。从基本型救助水平层次来看，整体财政负担系数先从2017年的1.57%减少至2019年的1.38%，后又逐渐增加至2022的1.73%，变化较为平缓，与实际救助财政负担系数分别相差0.59%、0.54%、0.51%、0.57%、0.72%、0.67%，表明将社会救助水平提升至基本型救助水平，财政所负担的压力相对较小。从发展型救助水平层次看，整体也呈现出先减少后增加再减少的趋势，意味着随着经济社会的不断发展，财政收入的增加，财政压力在减小，未来社会救助财政支付有较广阔的提升空间，财政支付能力相对较强，进一步提升社会救助水平指日可待。通过与实际救助支出财政负担系数的对比，发展型救助水平财政负担系数值更大，2017—2022年发展型救助财政负担系数与实际救助财政负担系数差距分别为 1.43%、1.34%、1.31%、1.38%、1.64%、1.52%，表明将社会救助水平提升至发展型救助水平财政负担势必会增加，财政是否有能力承担，需要进一步评估财政负担能力。综上，温饱型救助、基本型救助财政负担水平均呈现出先减少后增加的变化趋势，发展型救助呈现出先减少后增加再减少的发展趋势，2022 年社会救助水平财政负担系数相对于2017 年均有所增加，但增加的幅度并不大，与实际救助支出财政负担水平相比较，温饱型救助财政负担水平最低、基本型救助财政负担水平次之、发展型救助财政负担水平较高，将社会救助提升至更高层次的水平，财政负担水平也会随之增加，但是否在财政承担能力范围内，需进一步分析评估。

表 7-6 2017—2022 年社会救助水平财政负担系数

单位：%

年份	实际救助支出财政负担系数（F_{g0}）	温饱型救助水平财政负担系数（F_{g1}）	基本型救助水平财政负担系数（F_{g2}）	发展型救助水平财政负担系数（F_{g3}）
2017	0.98	0.72	1.57	2.41
2018	0.89	0.63	1.43	2.23
2019	0.86	0.58	1.38	2.18
2020	1.07	0.76	1.65	2.46
2021	1.00	0.75	1.72	2.64
2022	1.06	0.73	1.73	2.58

数据来源：根据表 7-3、表 7-4 及《中国统计年鉴》计算所得。

（二）财政适度负担水平

通过搜集整理 2017—2022 年相关数据，可以计算出社会保障支出在财政支出中所占的比重，基本上处于 12%—14%，2017—2022 年，社会保障支出占财政支出的比重呈缓慢增长趋势，可以看出随着经济水平的发展[1]，财政收

---

[1] 国内生产总值（GDP）作为衡量经济发展水平的指标之一，2017—2021 年分别为 832035.9 亿、919281.1 亿、986515.2 亿、1013567.0 亿、1143669.7 亿元。

入的增加①，国家财政对社会保障支出的投入也在逐渐增加。2017年社会救助支出占社会保障支出的比重为36.35%，2022年为25.87%，相较于2017年，2022年社会救助支出占社会保障支出比重减少了28.8%，社会救助支出占社会保障支出的比重呈现减少的趋势，一方面表明社会救助作为社会保障兜底保障制度，在助力贫困治理方面取得了明显的效果；但另一方面也反映了随着新时代我国社会主要矛盾的转变，社会救助财政投入不足会影响困难群众对美好生活需要的实现。城乡低保人数占社会救助总人数比例最高达72.81%，表明最低生活保障制度是社会救助制度的核心，为低收入困难人群提供基本生活保障，这决定了社会救助资金在城乡低保中的分配比例。在计算以上相关参数之后代入公式（3），可以测算出社会救助财政适度负担系数。如表7-7所示，呈现了2017—2022年各参数的取值及财政适度负担系数。根据测算的数据显示，2017—2021年社会救助财政适度负担系数呈逐年上升的趋势，从2017年1.44%增长到了2021年的2.71%，提高了1.27个百分点，这说明随着经济社会的不断发展，低保覆盖范围的扩大，财政对社会救助支出的能力在逐渐增强，2022年略有降低，但相对于2017年仍有所提升。综上，从发展趋势来看，社会保障支出占财政支出的比重逐年上升，社会救助占社会保障支出有所下降，在城乡低保人数占社会救助总人数比重动态变化的情况下，社会救助财政适度负担系数也在不断变化，整体呈上升趋势，从这一角度看，政府可以增加社会救助投入，提高社会救助水平。

表7-7　2017—2022年社会救助财政适度负担系数

单位：%

年份	社会保障财政支出比重（S_t）	社会救助支出占社会保障支出的比重（ρ_t）	城乡低保人数占社会救助总人数（I_t/G_t）	财政适度负担系数（γ_t）
2017	12.12	36.35	32.73	1.44
2018	12.23	32.04	55.70	2.18

---

① 2017—2021年财政收入分别为172592.8亿、183359.8亿、190390.1亿、182913.9亿、202554.6亿元，除了2020年受疫情影响导致财政收入减少外，其他年份均呈现增长的趋势。

续表

年份	社会保障财政支出比重（S_t）	社会救助支出占社会保障支出的比重（ρ_t）	城乡低保人数占社会救助总人数（I_t/G_t）	财政适度负担系数（γ_t）
2019	12.30	27.79	72.56	2.48
2020	13.26	28.69	69.15	2.63
2021	13.75	27.03	72.81	2.71
2022	14.05	25.87	70.83	2.57

数据来源：根据历年《全国医疗保障事业发展统计公报》《全国财政支出决算表》《中国学生资助发展报告》《中国统计年鉴》《中国民政统计年鉴》相关数据计算所得。

第三节 社会救助财政负担分析

一 财政负担能力分析

面对困难群众日益增加的社会救助需求，财政能否有足够的能力应对提升社会救助水平的支付挑战需要进一步分析。基于前文测算的社会救助财政负担系数和财政适度负担系数，将二者作比较，可以判别财政是否具备支持提高社会救助水平的能力。观察图7-4发现，各年财政实际负担系数始终低于适度负担系数，且二者差距基本维持在一个相对稳定的范围内，这表明政府社会救助财政支出相对较低且有足够的能力进一步提高社会救助水平。在温饱型社会救助水平下，与财政负担适度水平的差值最大，表明温饱型救助水平只能给困难群众提供低质量的基本生活，这正是目前我国大部分省份社会救助的真实水平。在基本型社会救助水平下，2017年财政负担系数为1.57%，财政适度负担系数为1.44%，财政负担系数略高于财政适度负担系数，表明2017年财政对基本型救助水平的支出负担有轻微压力。但随着经济水平的发展，这种压力逐渐消失，2018年以后，财政负担水平均小于财政适度负担水平且二者差值较为稳定，说明财政完全有能力支持社会救助待遇提升至基本型水平。在发展型社会救助水平下，2017年财政负担系数为2.41%，财政适度负担系数为1.44%，差值为0.97%，可以看出财政负担水平高于财政适度负担水平，表明将社会救助提升至发展型救助水平将会导致财政不堪重负。但随着经济社会的发展和财政收入的增加，财政适度负担系数有所提升，2018年之后的发展型救助财政负担水平低于财政适度负担水平，2022年两者趋于相等，较为明显的是，发展型救助水平财政负担系数与财政适度负担系数的差距明显小于基本型救助水平财政负担系数与财政适度负担系数的差距，这意味着财政具备将社会救助水平提升至发展型救助水平的能力，但对于提升至发展型救助水平的负担能力弱于基本型救助水平。

综上所述，我国实际救助支出财政负担水平明显低于财政适度负担水平，表明现行社会救助水平较低，充分性明显不够。随着经济水平的提高，财政收入的增加，基本型救助水平、发展型救助水平均在财政承受范围之内，表明财政具备将社会救助提升至适度水平的能力，但发展型救助水平的提升空间不如基本型救助水平的提升空间广阔。

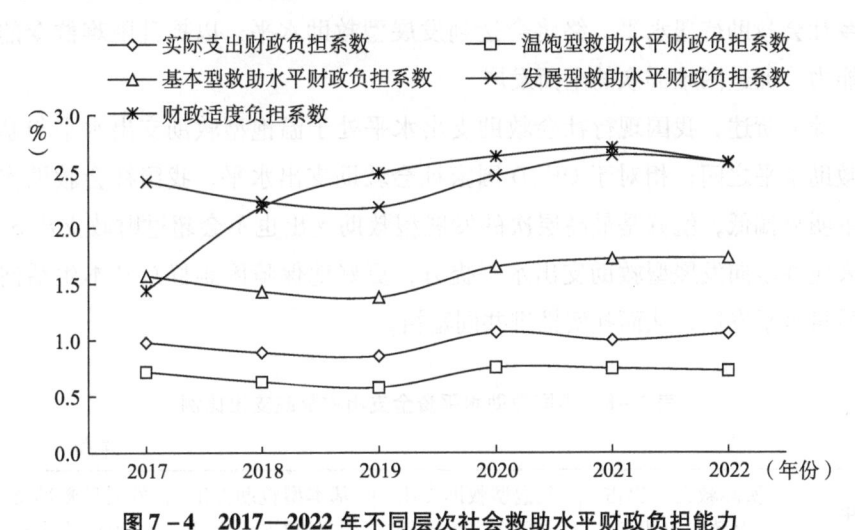

图7-4　2017—2022年不同层次社会救助水平财政负担能力

二　财政支出占比分析

在共同富裕目标的趋向下，群众对社会救助的需求也逐渐增加，社会救助支出也必然增加，社会救助财政负担水平也会不断提高。为进一步分析调整提升社会救助水平的适应性情况，本章将对不同救助水平资金支出占财政支出比例进行分析。如表7-8数据所示，2017—2022年实际救助支出占财政支出比例在0.9%—1.3%，变化幅度较为平稳。温饱型救助支出占财政支出比例明显偏低，在 0.4%—0.7%，明显与经济发展不适应，也难以较好地回应困难群众的基本生活需求。基本型救助支出占财政支出比例在 1.0%—1.4%，略高于实际救助支出占比，表明我国社会救助水平正处在逐渐从温饱型救助水平向基本型救助水平的过渡中。发展型救助支出占财政支出的比例处于 1.7%—2.4%，相对于实际救助支出占财政支出比重确实有不少提高，但与国外 OECD 发达国家社会救助占公共财政支出 3%—7% 的比例相比，我国的社会救助财政支出比重仍有较大的扩展空间，提高社会救助水平具备财政上的可行性，逐渐增加社会救助财政支出是未来的发展趋势。综合考虑社会救助制度的发展目标、困难群众需求、基本国情等因素，即使财政具备一定的支持社会救助水平提高至发展型水平的能力，本书认为现阶段不太可能一步到位地提供发展型较高标准的保障水平，但在共同富裕目标的导向下，稳步渐进地调整提高城乡社会救助待遇水平，终将会达到发展型救助水平，以提升困难群众的可行能力，促进困难群众的全面发展。

综上所述，我国现行社会救助支出水平处于温饱型救助支出水平与基本型救助水平之间，相对于 OECD 国家社会救助支出水平，我国社会救助支出水平明显偏低，就算是最高层次的发展型救助支出也不会超过财政支出 3%，未来应逐步向发展型救助支出水平提升，更好地保障困难群众基本生活向更高质量水平发展，从而扎实推进共同富裕。

表 7-8 不同救助水平资金支出占财政支出比例

单位：%

年份	实际救助支出占财政支出比例	温饱型救助支出占财政支出比例	基本型救助支出占财政支出比例	发展型救助支出占财政支出比例
2017	1.29	0.61	1.34	2.37
2018	1.01	0.52	1.19	1.85
2019	1.10	0.46	1.10	1.74
2020	0.96	0.57	1.23	1.83
2021	1.03	0.65	1.37	2.06
2022	1.04	0.51	1.21	1.81

数据来源：根据表 7-4 数据及《中国民政统计年鉴》《中国统计年鉴》数据计算得出。

第四节　共同富裕目标下社会救助财政负担预测

对未来社会救助的财政负担进行分析具有前瞻性的政策意义，同时有助于社会救助制度持续健康发展，因此尝试对2024—2035年的社会救助水平财政负担进行分析，以期为未来提升社会救助水平提供参考价值。

一　社会救助资金需求预测

在分析财政负担能力之前，首先对社会救助资金需求规模进行有效预测，由于前文已经对2024—2035年城乡救助水平进行了预测，在此主要对救助人数进行预测，进而测算出社会救助资金需求规模。通过民政部官网查阅社会救助相关数据，2020年城乡低保救助人数分别为805.1万人、3620.8万人，截至2023年第四季度，城乡低保救助人数分别为663.7万人、3399.3万人，由此可知，2020年全面脱贫以来，城市低保救助人数年均增长率为-6.24%，农村低保救助人数年均增长率为2.08%，假设往后年份增长速率不变，以2023年第四季度数据为基础，对2024—2035年城乡救助人数进行简单的预测，结合前文对社会救助水平的预测，城乡社会救助资金需求预测结果如表7-9所示。

表7-9　城乡社会救助资金需求预测

年份	救助人数（万人）		温饱型救助资金需求（亿元）		基本型救助资金需求（亿元）		发展型救助资金需求（亿元）	
	城镇	农村	城市	农村	城市	农村	城市	农村
2024	622.3	3328.5	396.1	1083.4	692.6	2788.9	1008.1	4348.3
2025	583.5	3259.2	392.2	1147.0	685.7	2952.7	998.1	4603.7
2026	547.1	3191.4	388.3	1214.4	678.9	3126.3	988.2	4874.3
2027	513.0	3124.9	384.4	1285.7	672.2	3309.9	978.4	5160.6
2028	481.0	3059.8	380.6	1361.3	665.5	3504.3	968.7	5463.7
2029	451.0	2996.1	376.8	1441.5	658.9	3710.2	959.0	5784.7

续表

年份	救助人数（万人）		温饱型救助资金需求（亿元）		基本型救助资金需求（亿元）		发展型救助资金需求（亿元）	
	城镇	农村	城市	农村	城市	农村	城市	农村
2030	422.9	2933.7	373.1	1525.9	652.4	3928.1	949.6	6124.5
2031	396.5	2872.6	369.4	1615.6	645.9	4158.9	940.1	6484.3
2032	371.8	2812.8	365.7	1710.5	639.5	4403.2	930.8	6865.3
2033	348.6	2754.3	362.1	1811.0	633.2	4662.1	921.6	7268.8
2034	326.9	2696.9	358.5	1917.4	627.0	4935.9	912.5	7695.7
2035	306.5	2640.8	355.0	2030.1	620.7	5226.0	903.4	8148.0

数据来源：根据历年《民政统计年鉴》及表5-13计算得出。

根据预测结果可知，发展型救助所需资金规模高于温饱型、基本型救助资金规模，2024—2035年城乡救助人数在不断减少，农村救助资金需求规模呈不断上升的趋势，城市呈不断减少趋势，表明社会救助制度在救助困难群众、缩小城乡收入差距中发挥积极作用，成为共同富裕道路上不可或缺的一部分。

二 财政收支预测

财政收入是衡量政府财政能力的重要指标，财政收入越多，表明政府可提供的公共服务能力越强，社会救助作为政府职能的重要内容，财政收入的多少很大程度上决定了履职能力的大小。无论是通过查阅历年《民政统计年鉴》还是以往研究均表明财政收支与GDP具有较强的相关性，故选取2012—2023的财政收入、财政支出和GDP数据，利用STATA软件进行分析，结果显示财政收入、财政支出均与GDP具有较强的线性相关性，得到财政收入与GDP的回归方程为：$I = 60839.07 + 0.1248gdp$，模型F值为223.04，在$a=1\%$水平上显著，可决系数$R^2=0.957$，拟合度较好，$t=14.93$，回归系数在1%水平下显著，表明该参数具有统计意义。财政支出与GDP的回归方程为：$E = 32413.36 + 0.1967gdp$，模型F值为221.15，在$a=1\%$水平上显著，可决系数$R^2=0.957$，拟合度较好，$t=14.87$，回归系数在1%水平下显著，表明该参数具有统计意义。陈锡康（2024）等对中国经济增长速度的预测结果显示2021—2050年中国经济增长速度即将迎来"543"时代，预计2021—2035年经济年均复合增长速度为5.0%。借此预测结果，将GDP增长速度设为5%，以2023年GDP数据为基础，测算出2024—2035年GDP具体值，根据上述回归方程以及GDP数据预测结果，即可测算出财政收支具体值，如表7-10所示。

表7-10 2024—2035年财政收支预测值

单位：亿元

年份	GDP	财政收入	财政支出	年份	GDP	财政收入	财政支出
2024	1323611.1	226025.7	292767.7	2030	1773765.6	282205.0	381313.1
2025	1389791.7	234285.1	305785.4	2031	1862453.9	293273.3	398758.0
2026	1459281.3	242957.4	319454.0	2032	1955576.6	304895.0	417075.3
2027	1532245.4	252063.3	333806.0	2033	2053355.4	317097.8	436308.4
2028	1608857.7	261624.5	348875.7	2034	2156023.2	329910.8	456503.1
2029	1689300.6	271663.8	364698.8	2035	2263824.4	343364.4	477707.6

数据来源：根据历年《民政统计年鉴》及财政收支与GDP回归方程计算得出。

2024—2035年财政收支预测结果显示，随着GDP的不断增长，财政收入与财政支出呈显著的正相关关系。财政收入从2024年的226025.7亿元增长到2035年的343364.4亿元，财政支出从2024年的292767.7亿元增长到2035年的477707.6亿元。为此，社会救助水平需要不断适应财政收支的增长，才不会给政府财政可持续性带来隐患。

三 财政负担能力分析

通过前文测算出的2024—2035年满足城乡困难群众救助需求的财政负担值和财政收支的预测值即可计算出不同层次救助水平的财政负担系数和发展型救助资金所占财政支出的比例，如图7-5所示。

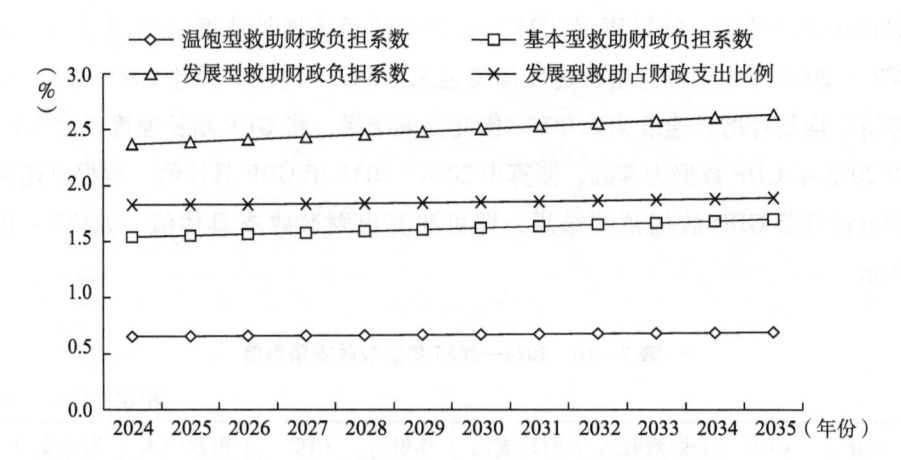

图 7-5　2024—2035 年社会救助水平财政负担系数及财政支出占比

数据来源：根据表 7-9 和表 7-10 数据计算所得。

由图 7-5 可知，随着共同富裕进程的推进，2024—2035 年社会救助水平负担呈缓慢增长，维持在一个相对稳定的范围内。从财政收入角度看，发展型救助水平财政负担系数在 2.37%—2.64%，基本型救助水平财政负担系数在 1.54%—1.70%，温饱型救助水平财政负担系数在 0.65%—0.69%，发展型救助水平财政负担系数大于基本型救助水平财政负担系数，温饱型财政救助水平财政负担系数最低，表明发展型救助水平相对于基本型、温饱型救助水平财政负担较大。因此对发展型救助水平财政负担能力作进一步分析，从财政支出角度看，2024 年发展型救助占财政支出比例为 1.83%，2035 年占比为 1.89%，11 年间增长 0.06%，表明发展型救助水平资金负担占财政支出比例增长速度较慢，趋于稳定。通过对共同富裕目标下社会救助资金需求的财政负担能力分析表明，虽然共同富裕促进了社会救助保障水平的提高，但随着享受社会救助的保障待遇的人数在不断减少以及财政收入规模不断增长的趋势，即使是救助水平较高的发展型救助资金规模占财政支出的比例仍然低于 OECD 国家的经验值，表明在此时段范围内，提高社会救助水平至发展型层次是可能的，财政收入可以满足困难群众日益增长的美好生活需要，对国家财政支出压力也较小。

第八章　共同富裕目标下提升社会救助保障水平的对策建议

共同富裕是人民群众的共同期许。党的二十大报告中明确提出中国式现代化是全体人民共同富裕的现代化，要求扎实推进共同富裕，把实现人民群众对美好生活的向往作为现代化建设的出发点和落脚点。社会救助则是满足人民美好生活需要和促进共同富裕的基础性保障制度，对推动国家治理体系和治理能力现代化具有重要意义。在共同富裕导向下，人民生活品质不断提高，困难群众就会面对新的诉求。国内相关学者也指出共同富裕视角下应将社会救助视为提升低收入群体生活品质和福祉水平的有效手段，而不应再视其为保障生存的制度（张浩淼，2021）。因此，要扎实推进共同富裕，基本保障要实现"从无到有"向"从有到优"的转变，才能多层次、全方位地满足困难群体的救助需求，带动困难群众走向共同富裕。从前面的分析可以看出，虽然我国城乡救助标准绝对额在不断提高，但是对于相对值指标、OECD 国家保障标准来说，我国救助水平长期偏低，表明救助水平未能与经济发展水平和 CPI 涨幅变化率同步，共享发展成果能力不足。在共同富裕目标的驱动下，社会救助要实现高质量发展，还应突破城乡二元分割的藩篱，整合城乡救助标准以促进公平，进一步提升保障水平，更好地满足不同困难群体对美好生活需要和适应时代发展，从而实现社会救助制度从兜底型向发展型的转变。需要说明的是，这里所说的提升社会救助保障水平不是简单地提升现金供给水平，而是在考虑困难群众的实际需求下包括服务型救助在内的综合水平。为此，本章对提升我国城乡社会救助水平提出针对性的建议。

第一节 适度提高社会救助保障水平

一 优化救助标准制定和调整的方式

首先，调整救助标准测算方法。选取客观全面的测算方法测算出来的救助标准更具有参考意义。我国大多数省份以《关于进一步规范城乡居民最低生活保障标准制定与调整工作的指导意见》等政策文件为指导，根据各省差异化的省情而采取不同的标准制定方法，通常有基本生活费用支出法、恩格尔系数法、消费比例法。计算原理较为简单，计算的水平只能够保障家庭食品消费金额，且易受个体主观偏好影响，造成偏差。根据多维贫困理论观点，人们对生活必需品的定义是随着时间、经济、地区等因素的变化而变化的，除物质上的需求外还有精神、机会上的需求，使得如何合理、准确地确定生活必需品的内容和数量并以市场价格加以衡量变得十分困难，计算出的低保标准自然不能有效满足困难群众的日常生活需求。基于此，以上三种确定低保标准的基本方法在城乡统筹和共同富裕目标的大背景下显示出一定的不适应性，因此，应及时调整社会救助水平测算方法。当前社会救助测算方法类型较多，不同的测算方法具有不同的参考意义，也有其局限性所在，选取合适的方法测算出来的救助水平也才更具科学性和合理性。有关学者建议调整为国际通用且体现相对贫困理念的人均收入比例法，设置一定的比例区间确定低保标准。显然，仅凭一种方法就确定出科学合理的救助标准的可靠性是有待考量的，建议将多种救助水平测算方法结合，再根据当地发展实际状况、困难对象家庭人口数量、生活需要等实际情况制定社会救助待遇标准。

其次，健全低保标准动态调整机制。经济社会的动态发展变化要求最低生活保障水平做出相应的调整。我国现行的低保标准保障水平与人均可支配收入占比与 OECD 国家仍存在一定的距离，保障标准应随着时代发展和困难对象不同时期的需求相继进行调整。各省出台的《社会救助办法》和地方出台的居民最低生活保障相关文件也都将物价指数作为调整低保标准的依据，但在实践中，城乡居民社会救助的保障水平增长幅度与物价指数增幅相比，两者未能较好地实现联动，情况还是不尽如人意。因此，在确定调整社会救助标准时各省需综合考虑当地维持生活所必需的支出、经济发展水平、价格变化和财政承担能力的情况下继续探索科学合理的救助水平与物价指数之间的科学机制，适时适度对救助水平进行调整，根据共同富裕的发展情况同步提高救助保障水平。

二 厘清救助标准之间的关系

社会救助体系是一个错综复杂的系统，同时也是动态衔接、相互配合的整体，既需要同外部的社会保险、社会福利制度及其他帮扶措施衔接，也需要同内部旨在解决不同需求的救助项目进行配合，唯有如此，才能避免政策上的交叉重叠或空白，最大限度地发挥救助作用。在区分城乡最低生活保障标准与相对贫困标准的基础上，进一步厘清与医疗、教育、住房等专项救助标准之间的关系，同时，也应注重与社会保险、社会福利、慈善等制度的衔接，为救助标准制定与调整提供了重要的政策参考。总之，社会救助标准以及保障水平的设定要服务于民生保障和就业激活目标功能的实现，将低保标准与其他民生保障标准的比率关系确定在较合理的区间，在有效保障困难群众基本生活的同时注重激发其发展动机，促进"增能型"社会救助的发展。

三 加强社会救助保障需求导向

共同富裕目标下，困难群体面临的困难程度有所不同，更多差异性需求随之产生，因此，迫切需要实施需求导向的针对性救助以满足困难对象的差异性需求和多元化需求。进入新发展阶段，时代语境有所升华，生活必需品的内涵也应随着时代发展进行相应的动态调整。反绝对贫困背景下社会救助目标主要在于保障困难群众的生存需求，通过现金方式救助济贫，而在共同富裕目标下社会救助保障水平应该在满足救助群体温饱需求的基础上，瞄准困难对象更高层次且差异化需求，社会救助保障功能需进一步提升，满足受困人群在共同富裕道路上对美好生活的希冀，增强救助对象的获得感、幸福感、安全感。基于此，在可行能力和发展型社会政策理论的指导下，救助水平与救助对象的多元化需求实现有机统一，需从"保生存"转向"促发展"。

这就要求地方政府在考虑供给因素的同时也需加强救助需求导向。在绝对贫困治理时期，"造血型"的救助服务较为缺乏，受助对象的自我发展能力较弱，人力资本较难积累。为此，强化教育、就业等专项服务救助可以帮助困难家庭解决经济困难之外的其他问题，增强受助家庭的可持续生计发展能力和社会风险应对能力，走出生活与发展困境，使社会救助在迈向共同富裕过程中充分发挥托底和增能双重功能。

四　构建多层次社会救助标准体系

合理的社会救助水平设置既要适应我国发展情况又要考虑区域发展不平衡，既要能维持受助者的基本生活又要避免"福利依赖"。在制定最低生活保障标准时应考虑各地居民维持基本生活需求的费用、地区经济发展水平和物价水平指数、地方财政承受能力、工作激励等多方面的因素。通过前文分析可知，我国城乡最低生活保障水平由地方政府根据各省实际消费水平、财政能力确定，但实行的是单一救助标准，多层次救助标准体系尚未建立，难以满足困难对象的多元化需求，不利于其通过自身发展实现对美好生活的需求。因此社会救助作为社会保障的兜底制度，也应体现出相对贫困需求的不同层次，并实现动态化调整，推动社会救助水平实现精准化治理。由于各省区域经济和情况不尽相同，在制定救助标准时也不能整齐划一，在体现公平的同时又要注重效率，因此，可以考虑在全国统一建立阶梯式的救助标准，再按地区经济状况分类划分并确定具体的救助标准，构建满足不同地区、不同需求的多层次社会救助标准体系。

第二节　保障救助资金充足可持续

一　厘清央地财政负担责任

合理的财政支付责任是救助资金持续健康发展的重要保障。从前文中央与地方社会救助支出责任实证研究来看，社会救助支出形成了以中央财政为主导的分担方式，市级救助财政责任最小，省级财政负担责任较轻，县级及以下财政负担责任较重。相关规定也只作出将社会救助纳入财政预算的表述，但未清晰地明确央地承担的具体比例，因此厘清中央和地方财政责任，首先要通过法律法规形式对中央和地方财政承担社会救助资金的比例予以明确规定，建立相对合理的责任分担机制。其次根据各省实际财力状况，提高社会救助省级财政的预算统筹能力，减轻基层政府财政负担。因此，根据以往的经验，省级社会救助支出财政比例可设在20%以上，县级及以下设为10%左右，形成各级财政实力与社会救助责任相匹配的格局。最后央地社会救助财政责任可依据救助项目的不同进行划分。应根据事权划分确定不同救助类型的支出责任，对于急难类型的救助建立共担支出责任的制度。只有厘清社会救助央地财政责任，合理规划各项财政预算，合理配置救助专项资金，将执行标准落实到位，才能更好地发挥社会救助兜底功能，实现社会救助高质量发展的目标。

二 调整社会救助支出结构

筹集资金、保障资金来源是社会救助体系建设面临的艰巨任务。研究结果表明，随着社会经济的发展，财政收入的不断增加，基本型救助水平、发展型救助水平在财政承受范围之内，表明财政具备将社会救助提升至适度水平的能力，因此增加政府财政投入力度并优化支出结构是提高社会救助水平、进一步完善社会救助制度的前提。考虑到我国经济发展水平的不均衡和政府财政预算的现实情况，单纯从财政增量方面提升社会救助水平空间有限，因此应将提升社会救助保障水平的重点放在财政支出结构的调整上。可以考虑从减少因财政支出层级较多而产生不必要的行政管理经费方面考虑，将为社会救助支出提供更大增长空间。从目前的社会救助保障水平发展来看，应继续加大困难群众住房、教育、医疗等财政转移支付力度，将更多有需要的低收入群体纳入保障范围，满足困难群体因经济压力导致的多维生活需求。同时建议提高救助统筹层次，由省级财政在本区域内统一协调，优化和调整财政救助支出结构，加强统筹区域内的横向调节和纵向转移，从而实现基本生活保障资金可持续增长。

三 多渠道筹集社会救助资金

充足的资金支持是救助以需求导向得以落实的前提，也是确保社会救助工作实施的重要基础。社会救助财政支出增长依靠财政收入得以持续，因此，提高财政收入是支持社会救助财政支出的重要支撑。在促进财政收入增长的同时，厘清央地财政负担责任，合理调整支出结构，才能有效保障困难群众切实享受到社会经济发展成果。但过分依赖公共财政拨款存在较大的财政负担压力，因此需进一步整合社会资源，创设条件，充分发挥企事业单位、民间组织、个人及网络平台的作用，通过社会捐赠、举办慈善事业、发行福利彩票、证券市场运作机制使资金保值增值等多渠道筹集保障资金是减轻财政压力，提升救助水平的重要路径。同时可以考虑将福彩公益金等具有公共性、财政性、福利性的资金用以安排支持社会救助，同时出台更多优惠政策，鼓励和引导更多的社会资金投向社会救助领域，构建多元化经费保障机制。

四 提高救助资金使用效益

社会救助资源整合度不高导致资金分配使用效率不高，重复救助与救助不足现象并存。建议由省级统筹协调各方资源，提高资金使用效率是提高社会救助水平的重要举措，社会救助管理部门应统筹协调社会救助预算安排，建立社会救助大数据平台，及时更新并共享覆盖对象、给付标准、支出水平、救助情况等方面的信息。为进一步提高救助资金的使用效率，北京、上海、四川等地区积极改革最低生活保障审核审批、临时救助发放措施，将最低生活保障审批权、临时救助备用金审核审批权限下放至乡镇或街道，同时给予社区一定的使用额度，用以发放急难型救助和小额救助，提高资金发放效率和救助的时效性，形成了可推广的经验。在资金审批权限下放的同时，区县级以上财政部门应积极加强救助资金的使用管理规范，增强救助资金拨付的时效性、公开性，强化救助资金使用绩效评价机制，提高救助资金的使用效益。

第三节 加快社会救助城乡统筹步伐

一 缩小城乡低保标准差距

2020年8月，中共中央办公厅、国务院办公厅印发了《关于改革完善社会救助制度的意见》，提出要健全分层分类、城乡统筹的中国特色社会救助体系，逐步缩小城乡差距，到2035年，实现社会救助事业高质量发展，改革成果更多更公平惠及困难群众。随着城市化程度不断加深，推进社会救助统筹发展是大势所趋，从目前以最低生活保障制度为主的社会救助城乡统筹来看，在制度设计、申请程序、日常管理等工作层面上基本实现统一，在待遇标准方面，省级数据显示低保空间差异正在逐步缩小，北京、上海、浙江等省份已经消除空间差异，实现最低生活保障城乡统筹一体化，但大多数省份特别是像西藏等经济欠发达地区城乡低保仍然存在较大差距，这在一定程度上阻碍着社会救助发展，影响着救助公平性的实现。未来应进一步缩小城乡差距，统一设定城乡救助识别标准以维护底线公平，提高社会救助统筹层次，确保权利公平、程序规范、待遇公平，同时适应人口流动趋势，为困难群众提供更加便捷的救助服务，是社会救助政策的核心追求。需要指出的是在收入、支出等经济指标存在城乡、区域差异的情况下，关注缩小城乡救助水平差距，不只要追求数额上相等，更要正视城乡差距的客观情况，根据地区自身发展实际制定较为合理的保障水平，缩小城乡救助差异。

二 提升农村地区自身发展

农村社会救助制度建设相较于城市较晚且长期以来我国的经济发展重点在城市，农村救助在信息建设、保障标准等方面较为落后，因此，农村社会救助问题是城乡统筹发展必须重点关注的地方。要加快社会救助城乡统筹进程，一是要提高农村地区自身的经济发展能力，除加大对落后地区的转移支付外还要结合农村地区自身资源的优势和国家乡村振兴战略，促进农村地区产业升级、创新产业发展模式，增加农村经济发展收入，不断缩小农村与城市的收入差距,加快城乡救助一体化发展的步伐。二是要结合大数据发展趋势,加强农村地区社会救助信息化水平的建设,开展以互联网、区块链等信息技术为基础的平台设施建设实现信息共享,特别是将农村地区困难群众家庭复杂的经济情况做到及时审核及持续监督,做到救助精准化,加快城乡救助一体化发展。

第四节 形成社会救助保障合力

一 加大分层分类救助力度

分层分类社会救助应随着需求的变化发展而做出相应优化。具体来说,社会救助层次分为解决困难群众基本生活问题的最低生活保障、特困人员供养救助;解决专项问题的医疗、教育、住房等救助;解决突发急难问题的灾难、临时救助;解决个性化问题的社会力量补充救助。围绕绝对贫困、相对贫困、急难情形的三个圈层不同类型的困难对象应该提供针对性、差异化的帮扶救助。首先对于绝对贫困圈层的低保、特困对象给予基本的生活救助,同时按实际情况、具体需求给予相应的住房、医疗等专项救助;其次对于相对贫困圈层的低边、支出型困难对象,给予专项社会救助或者根据其具体需求提供必要的救助措施;最后对于急难圈层的临时遇困对象为其安排临时救助、其他社会救助等急难型救助;对于政府救助之外的需求,可以发挥社会力量、慈善力量予以帮扶。加大分层分类力度,随着贫困治理的深入、共同富裕水平的提高,可以使社会救助专项项目延伸至更多低边、支出型贫困家庭。

随着分层分类社会救助体系的发展完善,救助内容、救助范围的复杂多样,救助对象需求的异质性,要求对救助资源进行整合协调。当前我国社会救助"碎片化"特征较为明显,救助条块分割,资源分散在不同的主体间,造成了救助资源的低效使用。在难以准确衡量贫困家庭收入和资产时,低保待遇发放遵循的"补差"标准难以衡量。基于此,共同富裕目标下,要加大分类施保力度,可通过建立横向互联、纵向贯通的救助信息网络共享机制,打破信息共享壁垒，整合分散在不同部门、不同区域间的救助资源以发挥不同资源的特殊优势，提高各救助主体之间的统筹协调程度，为分类施策、精准施策奠定基础；其次要建立清晰的分类施保类别划分界线和资格门槛线；再次是鼓励最低生活保障采用分类别分档位的待遇发放形式；复次分类施保方案要具有可操作性，避免复杂化；最后是在具体的分类救助措施中强化"发展型"救助理念，帮助受助对象纾困并提升其发展能力，使其尽快回归正常生活。

二　促进多元合作共治格局

社会力量可以在政府保障范围之外为困难群众提供诸如心理疏导、能力提升、社会融入、照护陪伴等更加专业精准化的社会救助服务，在汇聚社会资源、帮扶困难弱势群体方面发挥了积极作用。因此，在未来的发展中，可以通过构建以政府为主导，多元主体共同参与社会救助治理的格局以全面提升社会救助水平。社会慈善组织、爱心企业标杆、社工团体等均是多元主体的重要组成部分，而要实现多元合作共治格局，还需进一步拓宽社会力量积极参与社会救助渠道，建立完善的信息平台，发挥信息平台资源链接、服务查询等优势和作用，对政府救助之外的需求开展专业化服务。积极通过设立不同种类的社会救助服务项目、引入社会力量介入、创建特色救助品牌等方式激发社会力量共同参与社会救助的活力。

结论与展望

一 研究结论

社会救助是为陷入生活困境的困难群众提供民生保障的兜底安全网，在各个国家发挥着缓解经济压力，促进社会和谐发展的重要作用。经过不断地实践与发展，社会救助已经成为各国有效治理贫困的重要工具。高质量的社会救助是社会救助事业发展的必然趋势，是实现共同富裕目标的关键举措和重要保障，是中国特色社会主义发展的现实要求和实现中国式现代化的关键路径。面对共同富裕目标的美好愿景，我国社会救助发展不平衡不充分的问题依然突出，主要体现在救助水平的低层次上。在现实约束与共同富裕目标存在巨大差距的情况下，如何增强社会救助制度的保障力度，如何提升社会救助水平，保障困难群众更多更公平地享受经济发展成果，有效治理相对贫困和分配差距，已成为现阶段关注的重点议题。本书立足于促进共同富裕的时代议题，从困难群众基本需求和财政负担双重视角出发，根据艾斯平·安德森对福利国家的划分，并在此基础上参照其他学者的拓展，对自由体制、保守体制、社会民主体制、东亚生产型体制代表国家的社会救助水平发展特征进行了探讨，并将与我国进行比较。在分析社会救助水平发展特征的基础上，收集党的十九大以来31省市区收入与消费数据，运用扩展线性支出系统模型（ELES模型）实证测算了我国社会救助水平，并进一步分析我国财政负担能力，进而提出共同富裕目标下提升社会救助水平的对策建议，研究结论如下。

第一，通过对社会救助水平发展特征的分析，表明我国最低生活保障标准不断提高，在一定程度上体现了城乡统筹发展的趋势，各省低保标准城乡统筹发展受经济发展、财政力度等因素影响，统筹进程存在明显的异质性，特别是西部地区城乡之间的保障水平还存在较大差距。与 OECD 国家相比较，无论是社会救助支出占 GDP 比重、财政支出比重还是最低生活保障收入替代率我国均明显低于 OECD 国家平均水平，表明现阶段我国社会救助水平仍然偏低的事实。

第二，通过 ELES 模型对社会救助水平进行测算，表明 2017—2022 年最低生活保障实际水平均低于测算的理论水平，虽然两者的差值正在逐渐缩小，但仍存在距离，表明目前我国社会救助水平虽然能够满足维持温饱的需要，但无法满足救助对象共享经济社会发展成果和提高生活质量的需要。进一步对社会救助水平层次进行测算，发现我国城乡社会救助水平处于低层次水平，且正在由温饱型社会救助水平向基本型社会救助水平发展，但与发展型社会救助水平之间还存在差距。救助水平处于温饱型水平层次的省份多集中于西部地区、东北地区以及部分中部地区；处于基本型水平层次的省份多集中于东部以及少部分中部、西部地区；处于发展型水平层次的均为东部地区省份。2024—2035 年救助水平的预测结果显示，随着居民人均可支配收入的增加，社会救助水平也随之提升，在 2035 年左右可以实现社会救助城乡统筹，符合我国实际发展趋势。

第三，通过对社会救助水平提升的财政负担进行分析，表明社会救助资金筹集的承担者主要是中央和县级财政，省级的财政承担程度相对较低，但呈现逐渐增加的趋势。进一步对财政负担能力进行评估，发现我国实际救助支出财政负担水平明显低于财政适度负担水平，意味着现行社会救助水平较低，充分性明显不够。随着经济的发展，财政收入的增加，基本型救助水平、发展型救助水平均在财政承受范围之内，财政具备将社会救助提升至适度水平的能力，但发展型救助水平的提升空间不如基本型救助水平的提升空间广阔。相对于 OECD 国家社会救助支出占公共财政支出 3%—7% 水平，即便是发展型救助支出也在 3% 以下，我国的社会救助财政支出比重仍有较大的扩展空间，未来应逐步向发展型救助支出水平提升，更好地保障困难群众基本生活向更高质量水平发展，从而确保这部分群体同步实现共同富裕。

第四，基于社会救助水平的现实状况以及实证研究结果，从适度提高社会救助水平、保障社会救助资金充足可持续、加快社会救助城乡统筹步伐、形成社会救助保障合力四方面详细阐述了提升社会救助保障水平的对策建议，不断提高社会救助质量，从而扎实推进共同富裕。

二 研究展望

社会救助在保障困难群众基本生活、缩小城乡收入分配差距等方面发挥着不可替代的作用。本书通过 ELES 模型，对社会救助水平进行了实证测算，进一步分析提升社会救助水平的财政负担能力，取得了一定的研究成果，丰富了相关理论研究并为持续完善社会救助改革提供了一定的借鉴。但由于知识能力、数据资料、方法选择等主客观因素的制约，研究存在不足，主要体现在：第一，未反映出区域差异。本节基于全国 31 省市区数据对社会救助水平进行测算，没有按照东部、中部、西部进一步反映我国区域、省域的城乡居民基本生活需求水平，会掩盖各地区分析单元内部的异质性。第二，研究内容不全面。社会救助项目包含多个项目，但由于城乡低保是救助体系的核心，其支出占据社会救助支出的大头且城乡低保标准数据较全面，所以本书主要对最低生活保障水平进行研究，这一做法可能会导致结论存在误差。第三，数据指标选取的细分问题。考虑到数据的可获取性，本研究选取 2017—2022 年的八大类消费支出数据作为研究，可能存在不能全面反映困难群众消费情况，具有一定的局限性。第四，不具体区分各级财政负担。本书对于提升社会救助水平的财政能力分析，主要是从全国财政层面考虑政府财政支持力度，对于各层级财政的具体负担水平讨论不足。社会救助水平是社会救助制度的关键环节，研究城乡社会救助水平的发展变化以及适配性，不仅对促进社会救助事业高质量发展具有重要意义，而且也对解决困难群众生活难题和促进共同富裕具有重要意义。未来，可以针对以上不足继续加强相关研究，进一步反映区域差异，对各区域救助水平进行测算，细化困难群众消费支出指标，全面反映困难群众生活需求，进一步明确各级财政应承担责任的大小，尽可能多地将社会救助子项目全部纳入社会救助水平的测算评价之中，也可从福利依赖方面分析社会救助水平，深刻了解社会救助水平及其变化的机理。

参考文献

中文著作

成福蕊:《社会救助与脱贫差异:基于能力视角的解释》,中国社会科学出版社 2012 年版。

高功敬:《城市贫困家庭可持续生计——发展型社会政策视角》,社会科学文献出版社 2018 年版。

李春根、夏珺:《社会救助财政支出的理论分析框架:规模、结构与绩效》,经济科学出版社 2018 年版。

李彦昌主编:《城市贫困与社会救助研究》,北京大学出版社 2004 年版。

李珍主编:《社会保障理论》(第四版),中国劳动社会保障出版社 2018 年版。

林闽钢主编:《社会保障国际比较》(第二版),科学出版社 2015 年版。

林闽钢主编:《社会救助通论》,科学出版社 2017 年版。

刘雅露:《缩小地区差距的财政政策研究》,经济科学出版社 2000 年版。

刘溢海、李雄诒主编:《发展经济学》,上海财经大学出版社 2007 年版。

米红、杨翠迎:《农村社会养老保障制度基础理论框架研究》,光明日报出版社 2008 年版。

韦璞:《社会保障的减贫作用研究:理论解析与典型比较》,中国社会科学出版社 2016 年版。

韦伟:《中国经济发展中的区域差异与区域协调》,安徽人民出版社 1995 年版。

杨绪盟:《中国城市贫困群体调查》,东方出版社 2010 年版。

张小军、裴晓梅:《能力与贫困——中国城市贫困人口的个案研究》,香港社会科学出版集团 2007 年版。

郑功成主编：《社会保障概论》，复旦大学出版社 2005 年版。

郑功成主编：《中国社会保障发展报告 2016》，人民出版社 2016 年版。

钟仁耀主编：《社会救助与社会福利》（第二版），上海财经大学出版社 2013 年版。

中文论文

边恕、孙雅娜：《农村基础养老金调整与财政负担水平研究》，《北京航空航天大学学报》（社会科学版）2015 年第 1 期。

蔡萌、岳希明：《中国社会保障支出的收入分配效应研究》，《经济社会体制比较》2018 年第 1 期。

曹艳春：《我国城市居民最低生活保障标准的影响因素与效应研究》，《当代经济科学》2007 年第 2 期。

陈文美、李春根：《我国社会救助支出责任划分：理论依据、现实问题与优化路径》，《社会保障研究》2021 年第 3 期。

陈业宏、郭云：《新发展阶段社会救助的目标转向与改进》，《贵州财经大学学报》2022 年第 6 期。

程杰：《中国社会救助投入强度研究》，《社会保障评论》2021 年第 4 期。

程中培：《城市低保标准测度与调整》，《重庆社会科学》2016 年第 6 期。

程中培：《目标群体、政策设计与城市低保救助水平——基于中国地级市的经验证据》，《财政科学》2022 年第 9 期。

仇晓洁、温振华：《中国农村社会保障财政支出效率分析》，《经济问题》2012 年第 3 期。

方世南：《新时代共同富裕：内涵、价值和路径》，《学术探索》2021 年第 11 期。

公衍勇、聂淑亮：《"后小康时代"社会救助制度的调整优化——基于发展型社会政策视角》，《湘潭大学学报》（哲学社会科学版）2021 年第 5 期。

关信平：《朝向更加积极的社会救助制度——论新形势下我国社会救助制度的改革方向》，《中国行政管理》2014 年第 7 期。

关信平：《论我国社会救助制度的结构调整与制度优化》，《山西大学学报》（哲学社会科学版）2020 年第 5 期。

郭忠兴：《从相邻到反转：低保"悬崖效应"及其形成机制探究》，《社会保障评论》2023 年第 1 期。

韩嘉怡、梁乔丹：《新发展、新理解：中国特色社会主义共同富裕的马克思主义政治经济学阐释》，《演化与创新经济学评论》2023 年第 2 期。

韩克庆、郑林如、秦嘉：《健全分类分层的社会救助体系问题研究》，《学术研究》2022 年第 10 期。

何自力：《正确认识和把握实现共同富裕的战略目标和实践途径》，《红旗文稿》2022 年第 12 期。

黄海波、李文军：《城乡居民养老保险责任划分机制与优化研究——基于广西 2020—2050 年数据的预测分析》，《华东经济管理》2020 年第 9 期。

金双华、孟令雨：《社会救助全过程充分与公平——基于欧盟国家实践经验》，《经济社会体制比较》2023 年第 2 期。

景鹏、陈明俊、胡秋明：《城乡居民基本养老保险的适度待遇与财政负担》，《财政研究》2018 年第 10 期。

康晓光：《90 年代我国的贫困与反贫困问题分析》，《战略与管理》1995 年第 4 期。

李春根、陈文美：《现阶段我国社会救助财政支出规模适度吗？——基于"巴洛法则"与柯布 - 道格拉斯生产函数的分析》，《华中师范大学学报》（人文社会科学版）2018 年第 4 期。

李春根、熊萌之、夏珺：《从社会主要矛盾变化看我国社会保障制度改革方向》，《社会保障研究》2018 年第 2 期。

李敏艺：《江苏省农村最低生活保障标准研究——基于扩展线性支出模型》，《湖北农业科学》2018 年第 8 期。

李鹏：《挤出还是促进——地方财政分权、市场化与低保救助水平差异》，《北京社会科学》2017 年第 3 期。

李实：《共同富裕的目标和实现路径选择》，《经济研究》2021 年第 11 期。

梁土坤：《共同富裕目标下社会救助制度建设的定位、挑战与方向》，《学习与实践》2022 年第 12 期。

林闽钢：《中国社会救助高质量发展研究》，《苏州大学学报》（哲学社会科学版）2021 年第 4 期。

刘贵平：《社会保障资金绩效审计目标及内容研究》，《财会学习》2019 年第 5 期。

刘欢、向运华：《基于共同富裕的社会保障体系改革：内在机理、存在问题及实践路径》，《社会保障研究》2022 年第 4 期。

胡畔：《刘世锦：低收入群体是中国经济新动力》，《中国经济时报》2019 年 9 月 9 日。

马静、朱德云：《关于我国农村社会救助问题研究的文献综述》，《经济与管理评论》2012 年第 4 期。

汤闳淼：《我国社会救助制度下城乡最低生活保障标准设立再思考》，《中国社会科学院研究生院学报》2016 年第 3 期。

童星、林闽钢：《我国农村贫困标准线研究》，《中国社会科学》1994 年第 3 期。

王美桃：《典型国家最低生活保障制度测算经验及其对我国的启示》，《社会保障研究》2021 年第 2 期。

王小兰：《东亚"生产主义福利体制"：学术争论与内容流变》，《中国社会科学院研究生院学报》2020 年第 5 期。

吴奕潇、王强：《低收入群体实现共同富裕的社会救助支持路径研究》，《南京财经大学学报》2023 年第 5 期。

习近平：《促进我国社会保障事业高质量发展、可持续发展》，《求是》2022 年第 8 期。

习近平：《高举中国特色社会主义伟大旗帜 为全面建设社会主义现代化国家而团结奋斗——在中国共产党第二十次全国代表大会上的报告（2022 年 10 月 16 日）》，《人民日报》2022 年 10 月 26 日第 1 版。

习近平：《在全国脱贫攻坚总结表彰大会上的讲话（2021 年 2 月 25 日）》，《人民日报》2021 年 2 月 26 日第 2 版。

习近平：《扎实推动共同富裕》，《求是》2021 年第 20 期。

席恒：《共同富裕的目标任务与社会保障的赋能路径》，《人民论坛·学术前沿》2023 年第 3 期。

向秋翁姆：《中国式现代化视阈下的共同富裕：内涵、价值与路径》，《西藏发展论坛》2022 年第 6 期。

肖云、王冰燕、陈涛：《社会救助支出与经济发展的适应性研究——以重庆市为例》，《社会福利》（理论版）2014 年第 3 期。

谢东梅、刘丽丽：《福建省农村最低生活保障标准测算探讨——基于扩展线性支出系统模型》，《福建论坛》（人文社会科学版）2017 年第 6 期。

谢增毅：《中国社会救助制度：问题、趋势与立法完善》，《社会科学》2014 年第 12 期。

邢成举、宋金洋：《共同富裕背景下发展型社会政策与农村低收入人口的常态化帮扶》，《贵州大学学报》（社会科学版）2023 年第 2 期。

《学术前沿》编者：《共同富裕与社会保障高质量发展》，《人民论坛·学术前沿》2022 年第 16 期。

杨翠迎、米红：《农村社会养老保险：基于有限财政责任理念的制度安排及政策构想》，《西北农林科技大学学报》（社会科学版）2007 年第 3 期。

杨红燕：《财政转移支付的公平增进效果研究——以城市低保制度为例》，《中央财经大学学报》2014 年第 9 期。

杨兰：《更加积极的社会救助政策将大有作为——访南开大学社会建设与管理研究院院长关信平》，《中国民政》2021 年第 16 期。

杨立雄：《北京市贫困结构变化与社会救助改革应对研究》，《广东社会科学》2020 年第 1 期。

杨立雄：《从兜底保障到分配正义：面向共同富裕的社会救助改革研究》，《社会保障评论》2022 年第 4 期。

杨立雄：《谁应兜底：相对贫困视角下的央地社会救助责任分工研究》，《社会科学辑刊》2021 年第 2 期。

杨穗、鲍传健：《改革开放 40 年中国社会救助减贫：实践、绩效与前瞻》，《改革》2018 年第 12 期。

杨宜勇、王明姬：《共同富裕：演进历程、阶段目标与评价体系》，《江海学刊》2021年第5期。

姚建平：《我国社会救助标准体系建设研究——以最低生活保障制度为中心的分析》，《社会科学辑刊》2021年第2期。

于成文：《坚持"质""量"协调发展扎实推动共同富裕》，《探索》2021年第6期。

张东玲、王艳艳、焦宇新：《共同富裕目标下社会保障支出对多维城乡差距的减缓效应》，《统计与信息论坛》2022年第12期。

张浩淼：《共同富裕视角下的社会救助》，《中国社会保障》2021年第9期。

张浩淼：《以高质量社会救助制度筑牢共同富裕底板》，《学术研究》2022年第9期。

张立彦：《政府社会救助支出存在的问题与对策》，《经济纵横》2013年第9期。

张琳：《全面建成小康社会与社会救助水平的提升》，《行政管理改革》2020年第2期。

张世青、王文娟：《论我国社会救助水平观的发展转向》，《东岳论丛》2015年第8期。

张伟涛、张昕：《专家建言：在扎实推动共同富裕的历史阶段 社会救助要为人民生活安康托底》，《中国社会报》2022年3月8日第3版。

张占斌：《中国式现代化的共同富裕：内涵、理论与路径》，《当代世界与社会主义》2021年第6期。

赵建国、廖藏宜、李佳：《我国社会保障财政负担区域公平性及影响因素研究》，《财政研究》2016年第10期。

赵晰：《中国社会救助的政策范式变迁与高质量发展内涵》，《社会建设》2023年第2期。

郑功成、何文炯、童星等：《社会保障促进共同富裕：理论与实践——学术观点综述》，《西北大学学报》（哲学社会科学版）2022年第4期。

郑功成：《社会保障已成共享发展的基本途径与制度保证》，《中国社会科学报》2023年3月9日第A01版。

郑新业、张莉：《社会救助支付水平的决定因素：来自中国的证据》，《管理世界》2009年第2期。

中共人力资源和社会保障部党组:《织密扎牢全民共享的社会保障安全网》,《人民日报》2019年9月24日第7版。

朱德云:《我国农村贫困群体社会救助状况实证分析》,《财政研究》2011年第4期。

朱楠、王若莹:《中国低收入群体社会救助制度的演进规律与路径优化》,《统计与信息论坛》2023年第3期。

中译著作

[德] 马克思、恩格斯:《马克思恩格斯选集》(第2卷),中共中央马克思恩格斯列宁斯大林著作编译局编译,人民出版社2012年版。

[德] 马克思、恩格斯:《马克思恩格斯全集》第46卷(下册),中共中央马克思恩格斯列宁斯大林著作编译局编译,人民出版社1980年版。

[德] 马克思、恩格斯:《马克思恩格斯文集》(第1卷),中共中央马克思恩格斯列宁斯大林著作编译局编译,人民出版社2009年版。

[美] 安东尼·哈尔、詹姆斯·梅志里:《发展型社会政策》,罗敏、范酉庆等译,社会科学文献出版社2006年版。

[美] 米尔顿·弗里德曼:《资本主义与自由》,张瑞玉译,商务印书馆1986年版。

[美] 迈克尔·谢若登:《资产与穷人———一项新的美国福利政策》,高鉴国译,商务印书馆2005年版。

[英] 安东尼·吉登斯:《第三条道路:社会民主主义的复兴》,郑戈译,北京大学出版社、生活·读书·新知三联书店2000年版。

[英] 弗里德里希·奥古斯特·冯·哈耶克:《通往奴役之路》,王明毅、冯兴元等译,中国社会科学出版社1997年版。

[印] 阿马蒂亚·森:《以自由看待发展》,任赜、于真译,中国人民大学出版社2013年版。

英文文献

Adema W. , "Social Assistance Policy Development and the Provision of a Decent

Level of Income in Selected OECD Countries", *OECD Social Employment & Migration Working Papers*, 2006.

Askola J., Davison B., "The Welfare State Scattergram", *Politologija*, 2023, 110 (2).

Barrientos A., "Social Assistance in Developing Countries", *Cambridge University Press*, 2013.

Barrientos A., "The Role of Social Assistance in Reducing Poverty and Inequality in Asia and the Pacific", *Asian Development Bank Sustainable Development Working Paper Series*, 2019 (62).

Barrientos A., Pellissery S., "Delivering Effective Social Assistance: Does Politics Matter?", *Effective States and Inclusive Development Research Centre Working Paper*, 2012, 9.

Béland D., Daigneault P., *Welfare Reform in Canada: Provincial Social Assistance in Comparative Perspective*, University of Toronto Press, 2015.

Boschman S., Maas I., Vrooman J. C., Kristiansen, M. H., "From Social Assistance to Self-Sufficiency: Low Income Work as a Stepping Stone", *European Sociological Review*, 2021, 37 (5).

Craw M., "Deciding to Provide: Local Decisions On Providing Social Welfare", *American Journal of Political Science*, 2010, 54 (4).

Dahlberg M., Edmark K., "Is there a 'Race-to-the-Bottom' in the Setting of Welfare Benefit Levels? Evidence From a Policy Intervention", *Journal of Public Economics*, 2008, 92 (5–6).

Dalli M., "The content and potential of the right to social assistance in light of Article 13 of the European Social Charter", *European Journal of Social Security*, 2020, 22 (1).

DenisM., Freret S., "The Determinants of Welfare Spending in France: A Spatial Panel Econometric Approach", *Annals of Economics and Statistics*, 2013.

Gough I., Bradshaw J., Ditch J., Eardley T., and Whiteford P., "Social assistance in OECD countries", *Journal of European Social Policy*, 1997, 7 (1).

Grogger J. T. , Karoly L. A. , *Welfare Reform: Effects of a Decade of Change*, Harvard University Press, 2005.

Holliday I. , "Productivist Welfare Capitalism: Social Policy in East Asia", *Political studies*, 2000, 48 (4).

Immervoll H. , Jenkins S. P. , and Königs S. , "Are Recipients of Social Assistance 'Benefit Dependent'? Concepts, Measurement and Results for Selected Countries", *IZA Disscussion Papers*, 2015.

Linda V. , Zohlnhfer R. , "Quiet Politics of Employment Protection Legislation? Partisan Politics, Electoral Competition, and the Regulatory Welfare State", *The Annals of the American Academy of Political and Social Science*, 2020, 691 (1).

Nelson K. , "Counteracting Material Deprivation: The Role of Social Assistance in Europe", *Journal of European Social Policy*, 2012, 22 (2).

Nelson K. , "Social Assistance and Eu Poverty Thresholds 1990 – 2008. Are European Welfare Systems Providing Just and Fair Protection Against Low Income?", *European Sociological Review*, 2013, 29 (2).

Nugroho A. , Amir H. , Maududy I. , Marlina I. , "Poverty Eradication Programs in Indonesia: Progress, Challenges and Reforms", *Journal of Policy Modeling*, 2021, 43 (6).

O'Donoghue C. , Albuquerque J. , Baldini M. , et al. , "The Impact of Means Tested Assistance in Southern Europe", *EUROMOD Working Paper*, 2002.

Parliament E. , "Role of Minimum Income in Combating Poverty and Promoting an Inclusive Society in Europe", *European Parliament Resolution*, 2010.

Scholten L. , Betko J. , Gesthuizen M. , "Reciprocal Relations Between Financial Hardship, Sense of Societal Belonging and Mental Health for Social Assistance Recipients", *Social Science & Medicine*, 2023.

Shahidi F. V. , Sod-Erdene O. , Ramraj C. , Hildebrand, V. , Siddiqi, A. , "Government Social Assistance Programmes are Failing to Protect the Health of Low-Income Populations: Evidence From the USA and Canada (2003 – 2014)", *J. Epidemiol Community Health*, 2019, 73 (3).

Stanley M., Floyd I., Hill M., "TANF Cash Benefits Have Fallen by More than 20 Percent in Most States and Continue to Erode", *Washington, D. C.: Center on Budget and Policy Priorities*, 2016.

Townsend, P., *Poverty in the United Kingdom: A Survey of Household Resources and Standards of Living*, University of California Press, 1979.

VanM. N., Marchal S., "Struggle for Life: Social Assistance Benefits, 1992-2009", *Palgrave Macmillan UK*, 2013.

Van Vliet O., Wang J., "The political economy of social assistance and minimum income benefits: a Comparative Analysis Across 26 Oecd Cou-ntries", *Comparative European Politics (Houndmills, Basingstoke, England)*, 2019, 17 (1).

Wang J., van Vliet O., and Goudswaard K., "Minimum Income Protection and EU Coordination. European Journal of Social Security", *European Journal of Social Security*, 2018, 20 (3).

Wheaton W. C., "Decentralized Welfare: Will there be Underprovision?", *Journal of Urban Economics*, 2000, 48 (3).

Winchester M. S., King B., Rishworth A., "'It's Not Enough:' Local Experiences of Social Grants, Economic Precarity, and Health Inequity in Mpumalanga, South Africa", *Wellbeing, Space and Society*, 2021, 2.

学位论文

郭锐:《我国社会救助支出效率研究》,硕士学位论文,西北大学,2010年。

李汶蔚:《我国城市居民最低生活保障标准的研究》,硕士学位论文,西南财经大学,2020年。

王铭:《天津市与辽宁省城镇最低生活保障水平比较研究》,硕士学位论文,辽宁大学,2012年。

谢宜彤:《财政视角下城乡社会救助体系建设研究》,硕士学位论文,首都经济贸易大学,2012年。